カモメの日の読書

漢詩と暮らす

小津夜景

LA

LECTURE

DES

JOURS

AVEC

LES

GOELANDS

東京四季出版

カモメの日の読書

漢詩と暮らす

はじめに

　あるとき外でお酒をのんでいたら、となりの席に座っていたもの静かで何をかんがえているのかまったく読めないタイプの若い男性が、
「あの、漢詩の翻訳をやってみませんか？」
と、急にささやいてきました。
　漢詩の翻訳？　いったい何のことかわからず目を丸くすると、なんでもその若い男性は編集者で、わたしがじぶんのブログで漢詩を訳して遊んでいるのをたまたま発見し、一冊にまとめてみたいと思ったのだそう。なので、
「無理です。漢詩、よく知らないですし」
と、やんわりお断りすると、
「あ、それはたいへん好都合です。さいきんは漢詩を読むひとがめっきり減ったでしょう？　あれはふだんの生活と漢詩とのあいだの接点が、みなさん摑めないからなんですよ」
と、その男性。
「あなたのような専門家ではないふつうの一読者が、日々の暮らしの中でどんなふうに漢詩とつきあっているのかを語ることにこそ、今とても意味があると思うのです」

「はあ」

「さらに申し上げるなら、漢詩と読者とのあいだの当世風の距離感やTPOにふさわしいコーディネイトといったものを、ときにナチュラルに、またときにソウルフルにデザインしていただけるとうれしいのですが。いかがでしょう？」

　と、こんないきさつで、わたしじしんの漢詩的日常を綴ってみたのが本書になります。いわゆる漢詩らしい主題はもとより住まいと暮らし、趣味と行楽、たべものと料理、恋愛、ペット、少年愛といった雑多なモチーフや、一字詩、狂詩、集句詩、回文詩、ルビの妙技、対句のサビメロ性といった言語的遊戯にまつわるトピック、さらには短歌、連句、俳句とのセッションなど、あれこれ少しずつお試しで味わえるようにと工夫しつつ、合計で50篇あまりの漢詩を紹介しました。

　どうかこの本がきっかけとなって、晴れた日のベンチで、雨だれの窓辺で、温かいお風呂で、孤独なベッドで、賑やかなカフェの片隅で、ひとり旅の夜行列車で、そのほかさまざまなシチュエーションで、多くの方々に漢詩の思いがけないすがたをたのしんでいただけますように。

言葉とはなにもないところに咲く花々。あなたを愛している。

リチャード・ブローティガン

目　次

はじめに ……………………………………………… 2

1. カモメの日の読書 …………………………………… 8

2. うりふたつのたましい ……………………………… 14

3. 酒と菊の日々 ………………………………………… 18

4. 旅路の果てに ………………………………………… 22

5. 過ぎ去りし日のぶどう酒 …………………………… 26

6. 風の手のままに ……………………………………… 30

7. 仮住まいの花 ………………………………………… 34

8. 風光をわがものにして ……………………………… 38

9. 猫と暮らす …………………………………………… 42

10. 夢を生きる者たち …………………………………… 46

11. 生まれたてのピクニック …………………………… 50

12. 雪月花のとき、最も君をおもう …………………… 54

13. 芹と筍のお弁当 ……………………………………… 60

14. ぴたりとはまる ……………………………………… 64

15. バナナ的スローライフ ……………………………… 68

16. シンシア ……………………………………… 72

17. 煙草に寄せる恋 ………………………………… 76

18. 空港で、休日の匂いを ………………………… 80

19. 古代から伝わる恋文 …………………………… 84

20. ひるねの作法 …………………………………… 88

21. 水のささやきを聞いた夜 ……………………… 94

22. 言葉にならないさよなら ……………………… 98

23. るびふるあそび ………………………………… 102

24. 文字の近傍 ……………………………………… 106

25. トランクルームの客 …………………………… 110

26. 研ぎし日のまま胸にしまう …………………… 116

27. ひとりでいるときは …………………………… 122

28. 鳥のデッサン …………………………………… 126

29. 無音の叫び ……………………………………… 130

30. クールミントの味 ……………………………… 134

31. 死と喪失のドラマ ……………………………………… 138

32. ＤＪとしての漢詩人 ……………………………… 144

33. 月のかがやく夜に ………………………………… 148

34. 歌う水晶 ………………………………………………… 152

35. 今は遊びより本がたのしい ……………………… 156

36. 虹の脊柱 ………………………………………………… 160

37. 春の片田舎で ………………………………………… 164

38. 詠み人、あるいは脱時制者のために ………… 168

39. 回文と音楽 …………………………………………… 174

40. 冬の朝、そのよごれた窓を ……………………… 178

付録1　恋は深くも浅くもある ……………………… 184
　　　わたしはどのように漢詩とおつきあいしてきたか

付録2　ロマンティックな手榴弾 ………………………… 190
　　　「悪い俳句」とはいったい何か？

あとがき …………………………………………………… 196

本書に登場するおもな詩人たち ……………………… 198

漢詩出典 …………………………………………………… 208

初出 ………………………………………………………… 213

1. カモメの日の読書

旅夜書懐　杜甫

細草微風岸

危檣独夜舟

星垂平野闊

月湧大江流

名豈文章著

官応老病休

飄飄何所似

天地一沙鷗

かぼそい草が
かすかな風にそよぐ岸
帆柱をふるわせる夜船に
わたしはひとりだった

満天の星は
地をすれすれまでおおい
ひろびろと野が見晴らせる

黄金の月は
波にくだけつつゆらめき

ゆったりと河が流れてゆく

世に出るのに
文才などなんの役に立つだろう
官職にしがみつこうにも
いまや齢をとりすぎてしまった

あてもなくさすらうわたしはまるで
天地のあわいをただよう一羽のカモメだ
（杜甫「旅の夜、想いを書く」）

　なんとなくフランスにやってきて、国内をあちこち移動し
ているうちにどんどん貧乏になって、それでも日本からもっ
てきた本やCDを売り払って食いつなげるうちは良かったけ
れど、そのうち売るものもなくなり、ああこの先どうやって
生きてゆこうと夫婦で困っていた。するとそこへ、
「うちで雇ってあげるから、来なさい」
と声をかけてくれたひとがいた。
　そんなわけで、わたしたちは、北ノルマンディーの港町
ル・アーヴルに流れ着いたのだった。
　わたしたちに声をかけてくれたそのひとも流れ者だ。まず
ソ連で修士号、ついでフランスで博士号をとったのちアメリ
カへわたり、各地の研究所を飛びまわっていたある日、生ま

れ故郷のルワンダで歴史的な大虐殺が起こった。

　人生、何があるかわからない。

　結局そのひとはル・アーヴルに家を買った。この小さな港町で生涯を終えるために。

　ル・アーヴルの朝は、ガソリンの香りとガムランの響きがアパルトマンに届くところからはじまる。ガソリンは海岸にある給油所から、そしてガムランは給油所のとなりにひしめく小舟の帆柱に、風に吹かれた索具のあたる音だ。

　そこに加えてこの町にはカモメがいる。おびただしいカモメが。カモメのかわいらしさ。まっしろなよそおい。さっと刷毛で色を引いたような上品な柄。潮の花の甘い匂いにひきよせられては翼を大きくひろげ、あるものは舞い、またあるものは稜線のてっぺんに止まったまま波もろとも崩れ、海のそこかしこに散りつつ浮かぶすがた。つかのま、風のすきまになだれこみ、まためくれあがる声。

　トレンチコートの襟を立て、風よけのサングラスをかけ、ポケットに文庫本をつっこんで、わたしたち夫婦は日あたりのよい海ぞいを散歩する。

「かわいい。カモメ」

「うん」

「三橋敏雄に〈かもめ来よ天金の書をひらくたび〉という俳句があってね」わたしは言う「これ、本をひらいたときのかたちが白い鳥に似ていることに意味を重ねているんだって。天

金をほどこした重厚な本をひらくたびにあらわれる、純白の
カモメ。なんだか胸が高鳴らない？」
「そういえば職場で聞いたんだけど」夫も言う「ル・アーヴ
ルって『この世の果てにある安らぎの場所』という意味らし
いよ」
「へえ。アーヴル（港）はアルブル（木）と音が近いせいで、
放浪者が身をよせる終の住処っぽいイメージになるのかし
ら？」
「かもね。缶詰でも見ようか」
「うん」
　海ぞいにある魚の缶詰屋に立ち寄る。壁一面にめぐらされ
た陳列棚に、まぐろ、さば、いわし、オマール海老など、手
頃でカラフルな缶詰がすっきりとならんでいる。あれこれ手
にとって見定めつつ、わたしたちはブルターニュのコワフを
かぶった女のエッチングが印刷された、ピーナッツオイル漬
けのいわしの缶詰をひとつだけ買った。
　陽が高い。海岸では青い軽トラ屋台が地元のひとびとを相
手に軽食を売っている。わたしたちはその屋台でパンとビー
ルを買い、カモメの群落をかきわけて砂浜に腰を下ろした。
そしてまずビール、ついで缶詰をあけ、ピーナッツオイルを
砂浜にこぼさぬよう注意しながらいわしをパンにはさみ、サ
ンドウィッチをこしらえた。
　空と海とにちらばるカモメの点景。波の音はふいに陰影を
孕みつつも、おおむねのんびりした音楽を奏でている。そこ

ヘカモメが、ときおりギーヨーと鳴く。何かがぱっくりと裂けてしまったような声で。

　サンドウィッチを食べ終えると夫は
「空が、うーん」
とつぶやいてその場に寝ころがった。わたしはトレンチコートのポケットから、図書館で借りている杜甫の文庫本をひっぱりだした。

　杜甫の詩には鳥が多い。殊にこの世を去るまでの5年間に書かれた漢詩では、総数280首あまりのうち、なんと234回も鳥があらわれる。

　そして思い返せば、この時期の杜甫は望郷の念にかられ、はるかなる故郷をめざしていたのだった。

　杜甫は渡り鳥が好きだった。なかでも好んだのが燕、雁、鶴、そしてカモメである。春のカモメの悠々自適なさま。あるいは天地のあわいに泛かぶすがたにやどる、はらわたを引き裂くようなかなしみ。

　白鳥はかなしからずや空の青海のあをにも染まずただよふ
　　　　　　　　　　　　　　　　　　　　　　若山牧水

　この「白鳥」がハクチョウではなくカモメであり、杜甫「旅の夜、想いを書く」の一節「飄飄何所似　天地一沙鷗」に由来すると知ったのは、この港町に住むようになってからのことだ。

1. カモメの日の読書

　わたしは杜甫の文庫本をめくった。

　大きくひらいた頁のノドが、すっと刃を入れられた傷のようにみえた。

　一冊の〈書物という世界〉の中心にはっきりと生まれるひとつの裂け目。もしかすると書物からあらわれるカモメとは、世界の内側に存在するこの生々しい傷を宣べ伝える使者なのかもしれない。

　そんなことをかんがえつつ、わたしは本の中へゆっくりと入っていった──放浪者のように。

２. うりふたつのたましい

贈元稹抄　白居易

一為同心友　三及芳歳蘭
花下鞍馬遊　雪中杯酒歓
衡門相逢迎　不具帯与冠
春風日高睡　秋月夜深看
不為同登科　不為同署官
所合在方寸　心源無異端

ひとたび心を通わせてから

三度たけなわの春を迎えた

花の下　馬に鞍を乗せて遊びにゆき

雪の中　酒の盃を重ねて語りあった

粗末な家でもてなしあい

帯も冠もすべて脱ぎ捨て

風の吹く春は　日が高くなるまでともに眠り

月の照る秋は　飽きもせずに夜空をながめた

これは

同じ登科だからではなく

同じ官職だからでもない

ただふたりの胸の奥にある

たましいがそっくりだからだ

（白居易「元稹に贈る」抄）

　知りあいに妖精っぽいひとがいる。

　妖精っぽいそのひとは、たまに妖精のプリントＴシャツを着て、待ち合わせ場所にあらわれる。

　先日はムーミンのＴシャツを着てふらりとやってきた。それで、あのさ、そのムーミンのＴシャツ、よく似合うね、と褒めてみたら、そのひとは、

「いえ、今日のファッションはだめです。ムーミンってあまりにも自己言及的なんですよ僕が着ると」

と、恥ずかしそうに首をふった。

　たしかに妖精のプリントＴシャツを着た妖精っぽいひとというのはクレタ人風の腰巻きを巻いた生粋のクレタ人のようなものだ。おもてうらの判別しがたい布みたいに、真と偽とが爽やかなシステムエラーを起こしている。

　自己言及とは、事故言及なのかもしれない。

　なるほど。変なこと言って、ごめん。わたしはなんとなく謝り、きゅっ、とそのひとを抱きしめようとした。

　しかしながら、ほとんど事故的なまでにムーミンのＴシャツを着こなしたそのひとは、もはや服そのものと見分けがつかない。

　輪になった腕の中には、確たる表情のない、ぬらりとしたやわらかい襞が、ひらひらそよいでいるばかりだ。

ただ天のはごろものようなひらひらが、摑みがたき存在に影を与える。

　ふいにムーミンとは「いることはいるが、何かはわからないもの」という意味であった、と思い出す。

　ベランダのタイルを拭く。春はサハラ砂漠から砂が飛んできて、一晩でタイルが月の色になる。

　ジュズカケバトの遊んだ跡が、てん、てん、と渦を巻いているかと思うと、ふわりとほぐれた。ひと肌の風だ。

　いることはいるが、何かはわからないもの。けったいな妖精のような、ぼーっとした気配のような。そういったものとのつきあいは性に合うようで、日々を気楽にしてくれる。

　とはいえ、そんな性でも「元稹に贈る」のような詩を読むと、ああ、もしかすると名づけえぬものとしてのムーミン的リアルの世界を生きている場合ではないのかもしれない、と軽くうろたえつつ憧れる気持ちが起こる。

　白居易はサビメロと称するにふさわしい対句を次から次へと生み出した詩人で、その作品集『白氏文集』は平安時代の日本でも大流行した。なかでもこの「元稹に贈る」のような恋愛っぽい友情の描きぶりには目をみはるものがある。様式美にとことん弱く、時代錯誤の風雅をなんなく受け入れ、まわりくどい比喩をときほぐす根気もじゅうぶんにある二次創作愛好家の女性がひときわ好みそうな世界だ。

　と、そんなふうに思っていたせいか、ブログに翻訳をアッ

プしたあと日をおかずして「白居易ってやたら男の胸に迫る詩を書く詩人ですね！」と数名の男性がメールを送ってよこしたのはまったくの予想外だった。どうやら白居易のヒットメーカーとしての実力は、性別を問わず、現代でも文句なしに通用するらしい。

登科（科挙の合格）が一緒の年度だった白居易と元稹との友情は、中国の詩においてもっともよく知られたもので、ふたりの唱和（詩を贈り合うこと）は数多い。若き日を経て、官僚として地方におもむいてからも、同じ韻をふみながらおたがいの赴任先での暮らしをふざけて自慢しあったり、健康をいたわりあったり、顔を合わせることのできない現実——この時代、地方官同士は表立っての接触を禁じられていた——を嘆いたり。

ベランダに椅子をひろげ、ひまをもてあました子どものようにごろごろしながら唱和をながめていると、彼らの鼓動や息づかいが素手で摑みとれそうで、1200年の隔たりがふっと消えてしまうこともしょっちゅう。そしてまた、おそらく白居易の詩が典拠となった、若駒をならべて愉快な遠乗りに出かけるわかものたちの、こんなきらきらした和歌を思い出したりもするのであった。

　駒並めていざ見にゆかむふるさとは雪とのみこそ花はちるらめ

　　　　　　　　　　　　　　　　　　　よみ人知らず

3. 酒と菊の日々

飲酒二十首其七　陶淵明

秋 菊 有 佳 色
裛 露 掇 其 英
汎 此 忘 憂 物
遠 我 遺 世 情
一 觴 雖 独 進
杯 尽 壺 自 傾
日 入 群 動 息
帰 鳥 趨 林 鳴
嘯 傲 東 軒 下
聊 復 得 此 生

秋の菊が美しい

しっとりと露に濡れたその花びらをつみとり

憂いを忘れさせるこの霊水に泛かべて

わたしは俗世から一歩　また一歩と遠ざかってゆく

ひとり盃でじっくりと

ほしいままに唇をうるおしていると

ついにうつわはからっぽとなり

気がつけば酒壺が転がっている

日は暮れ　さまざまのいとなみがそのうごきを止め

ねぐらに帰る鳥たちが林をめざして啼いている

わたしは東の軒下で

ああ　と声を漏らしてくつろぎながら

今日もまた一日を

惜しみなく味わったことに心から満足する

　　　　　　　　　　（陶淵明「酒を飲む二十首　その七」）

　世間のひとびとは、いったいどんなきっかけで漢詩を読む
ようになるのだろうか。

　これにはさまざまなタイプの告白が予想される。わたしの
場合は「マリクレールメゾン」をはじめとしたインテリア・
エクステリア・建築系の雑誌を手当たりしだい読んでいるう
ちにオーバードーズで写真当たりを起こすようになってしま
い、どこかに写真のついていない、素敵な住まいについて書
かれた文章はないかしらと思っていたところへ、たまたま王
維の『輞川集』を発見したことだった。

『輞川集』は王維がじぶんの山荘を描いた連作で、各詩はも
ちろん全体の構成にもこまやかな配慮のゆきとどいた一種の
ユートピア的作物である。各詩を順に追いながら山荘全域の
地図を描くことのできる仕掛けにもなっていて、そういった
ものが好きなじぶんはのめりこまないわけにはいかなかっ
た。さらに王維そのひとについても調べたところ絵画に造詣
が深いことを知り、フランス語版の『画学秘訣』にも手を出

してみて（とはいえこの本、王維の著作ではない可能性が実は高いらしい）その趣味の良さにぽーっと恋してしまったのである。

　そんなわけではじめのころは王維ばかりに夢中だったのだが、のちに内田誠一「王維における維摩詰的生活―半官半隠の思想を中心に―」を読んだことで、
「あ、王維にもひとなみに俗っぽい部分があるんだ」
と我に返り、それからはいろんなひとの作品をわけへだてなく読むようになった。

　いろいろ読んでみてあらためてわかったのは、じぶんが平淡ないし閑適の香りがする作品に目がないということ。たとえば陸游には茶詩がいっぱいあってうれしい。もちろんわたしにはとてもむずかしいのだけれど、教会のステンドグラスに「わあ、なんて綺麗なんだろう」と寓意もよそに感動するみたいに、文字の配列を絵画としてながめたり、ぼんやりと意味の汲みとれる部分からあれこれ想像をひろげたりしている。また袁宏道も『瓶史』という花道についての著作を中田勇次郎経由で知ってから、そのソウルフルな詩とあわせて興味をいだいているところだ。

　陶淵明もまた住まいまわりのことをこまめに書く。もともと田園詩人と呼ばれているひとだし、なにより「桃花源記」というユートピアものの佳作があるので、ごろ寝の友としてつかずはなれず読んできた。

3. 酒と菊の日々

　このひとは住まいを語るとき「菊を採る東籬の下、悠然として南山を見る」（飲酒其五）とか「嘯傲す東軒の下、いささかまた此の生を得ん」（飲酒其七）といったふうにしばしば方位をきちんと明らかにする。建物の間どりがその方位こみでわかるというのは、土地の地形や調度の材質などがわかること以上に、その筋の愛好家にとって何ものにも代えがたいよろこびだ。

　もうひとつ中尾健一郎「陶淵明居宅考」によると、陶淵明の詩における「東」には俗世を離れて静かにくつろぐ意味が隠されているという。なんでも陶の自邸にもうけられた東園には彼のこよなく愛した孤生の松があり、陶宅の中でもとりわけ脱俗性を象徴する「依依（したわしい）たる場所」だったらしい。

　冒頭の「酒を飲む二十首　その七」は色つやの佳い、しっとりと濡れた花びらをつみとっては「この忘憂のもの」の中を泳がすといった菊酒の描きぶりが美しい。蘇軾は「淵明の詩は一見、地味のようでいて実は華麗、痩せているようで実は脂ぎっている」（『陶淵明全集（上）』、松枝茂夫・和田武司訳注、岩波文庫）と書いたが、確かにそのとおり、一見飾らない詩風にみえて、訳してみると苦み走ったエロスがあらわれ、またそれがことごとく彫りの深いモダンな精神につらぬかれてもいるのである。

4. 旅路の果てに

滕王閣　王勃

滕王高閣臨江渚

佩玉鳴鸞罷歌舞

画棟朝飛南浦雲

珠簾暮捲西山雨

閑雲潭影日悠悠

物換星移幾度秋

閣中帝子今何在

檻外長江空自流

滕王の楼閣は川のほとりにあって

着飾った人々が帯玉を鳴らし

華やかな歌舞を愉しんだのは遠い昔のこと──

あのころは

彩られた棟木のあわいに　南浦の雲をみおくる朝があり

玉のすだれを巻き上げて　西山の雨をながめる夕があった

雲はだまり　水はかげり　そして日はゆったりとして

時はうつり　星はめぐり　ここは幾度目の秋なのだろう

楼閣の王は　いま　どこにいるのか

欄干の向こうの川は心なく　ただおのずから流れてゆく

（王勃「滕王閣」）

海辺がたのしいのは、空と海のこの上ないヴォリューム。砂や石の描くデザイン。陶器のかけら。シーグラス。流骨、流木などの、遺された漂流物。ヤシの葉、カメの内臓などの、干からびた動植物。ながめてもよくわからないもの、あるいはいまだ出会ったことのないものについて思い描くとき、まなざしをさえぎるものが何もないせいで、どこまでも果てしなく想像の羽がひろがってゆくこと。

　今日は海辺でロジェ・カイヨワ『アルペイオスの流れ』のことをかんがえた。「いったいあの本には何が書かれているのだろう？　おそらく偶然、幸福、孤独などにまつわる、途方もなくクールな命題にちがいないのだけれど──」と、じぶんの知るわずかばかりの箇所をそっと復唱しつつ、あれこれ空想してみたのである。

　生活にかまけていると、日本から本をとりよせるというシンプルなことが存外むずかしい。かといって原書を味わうには語学力がおぼつかない。わたしはこの国に住んでもうすぐ20年になるけれど、端から端まで完全に読み切ったフランス語の本はまだたったの1冊しかないのだ。

〈私は石が、その冷やかな、永遠の塊りの中に、物質に可能な変容の総体を、何ものも、感受性、知性、想像力さえも排除することなく含みもっていることに気づきつつあった。

　と同時に、絶対的な啞者である石は私には、書物を蔑視し、時間を超えるひとつの伝言を差し出しているように思わ

れるのだった〉（ロジェ・カイヨワ『旅路の果てに　アルペイオスの流れ』金井裕訳、法政大学出版局）

〈いかなるテキストももたず、何ひとつ読むべきものも与えてくれぬ、至高の古文書、石よ……〉（同書）

「滕王閣」はかつて権勢を誇った滕王の夢の跡を舞台に、めくるめく時の流れともの言わぬ川の流れとが、印象的にならびあった詩だ。王勃は初唐の詩人。このひとの作品には技巧を凝らし形式美をきわめた南朝の遺風に加え、来るべき盛唐文学を予感させる自由な雰囲気がそなわっており、なかでも修辞のストレートな喚起力はすばらしい。

「長江」は揚子江ではなくたんに長い川で、ここでは贛江のこと。「珠簾暮捲」については以前「ビーズ製のカーテンをロールするゆうぐれ」という英訳を見たことがあり、わあ、なんてかわいいの、昔のひとの贅を凝らした生活はあんがい英語のほうが想像しやすいのかも、とときめいたことがある。

　またこれは重陽の節句に書かれた秋の詩だが、春の詩もかなり魅力的だ。とはいえ残された詩はそれほど多くない。このひとは旅の途中、船から落ちてたった27歳の若さで死んでしまったのだ。

　ともあれ、彼のながめた滕王閣がそうであったように、今ここからながめる彼の詩もまた、壮麗さとともに幾星霜もの

時間をくぐって、しっかりと口をつぐんでいる。

　宇宙を流れそこねて地に落ちた星のように、テクストらしからぬすがたをして。

　かくも雄弁でありながら、その内側に語ることの断念を湛えた沈黙のそぶり。無論このそぶりは石にそなわる完璧な無言とはまったく次元を異にする。しかしたとえそうであっても、カイヨワの所有する石の内部にひろがる麗しい紋章を胸に思い描くとき、この詩にあふれる華やかさや人間への無関心もまた、時間というものの本性がささやかな石——それは純粋時間の中に封じこめられた、死滅なるものたちの印章である——をつくりだした結果であるように感じられるのは、これっぽっちも変ではない、と思っている。

〈あらためていうまでもあるまいが、これらの物は想い出でもなく、何ものも想い起こさせず、その用途が不明であればあるほどいっそう効果のあるものでさえあるのだ。(中略)それらは一切の崇拝を拒否しており、いかなる敬愛心をも勧めてはいないのだ。それらは象徴ではない。つまりそれ以外の何ものも意味してはいない。それらが促す言葉は密やかなものであり、そして言葉は、つねに新たなる驚くべき沈黙から生まれる〉(同書)

5. 過ぎ去りし日のぶどう酒

西域河中十詠其一　耶律楚材

寂寞河中府

連甍及万家

蒲萄親醸酒

杷欖看開花

飽啖鶏舌肉

分餐馬首瓜

人生惟口腹

何礙過流沙

サマルカンドは

ひっそりと静まりかえり

見わたすかぎりの甍は

過ぎ去りし日々の

輝かしい面影をそのまま残している

ひとびとは

みずからの手でワインを醸す

アーモンドの白い花が

そこらじゅうに咲きほころんでいる

香辛料をすりこんだ肉をたらふく食い

馬の頭ほどもある瓜を割ってかぶりつく

人生とはおいしいものを食べること

そのためなら

流沙を越えるのだって苦にならない
（耶律楚材「西域の河中で十詠　その一」）

　秋になると、やまぶどうの木にのぼった。

　とれるだけの実を摘んで鞄をいっぱいにし、全力で走って家にむかう。母に見せるのだ。

　平日の母は日あたりのよい６畳の和室にうすいカーテンを掛けていつも油絵を描いている。玄関を上がるなりその和室へむかい、鞄いっぱいのやまぶどうを得意げに披露すると、種ばかりで食べるところがないわね、おまけに酸っぱいし、と母は眉をしかめつつ、ほんのひと含みふた含みして子どもの上機嫌につきあってくれる。そしてそのあと、それにしてもこんなにとってきてどうするの、捨てるわけにもいかないのに、ちょっとお母さんに渡しなさい、と残りを両手に台所へゆき、やまぶどうの実を房ごと圧しつぶし、ガラスびんに流しこんで、ほんの少し砂糖をまぜる。

　母のなめらかな没頭にはいたって淀みがない。そのころのわたしは、そのすこやかな没我の奥に青く固い自我をまとう若き日が母に存在したことなどかんがえてみたこともなかった。青く固い自我が残すはずの、かすかな傷痕。だが今思い返しても、当時の母のすがたにその痕を見つけることはでき

ない。つまりそのようにふるまう方法を、母は現在のわたしよりはるかに若い年齢ですっかり学びおおせていた、ということなのだ。

　ガラスびんに蓋をして、日付を書いたシールを貼ると母は、これでひと月もすればワインができるわよ、クリスマスがたのしみね、とふりかえってにっこりする。母がそう言ってほほえむたび、わたしは期待に胸をふくらませつつ、クリスマスまでの時間を、素朴でやさしい繭の中にとじこめられたような、そわそわした気分で過ごすのだった。

　あれから月日は流れてつい先日のこと。段成式（だんせいしき）『酉陽雑俎（ゆうようざっそ）』を読んでいて、魏の初代皇帝で繊細な詩を書くひととしても知られる曹丕（そうひ）が、このようなぶどう評をしているのを知った。節をつけて訳してみる。

　夏の末から秋にかけ、なおも暑さの残るころ、

　酔いざめ悪きようなれば、露をぬぐって食べてみる、

　甘いが飴に似ておらず、酸っぱいものの酢ではなく、

　思うだけでもおいしそう、そんな稀少なくだものだ、

　食う喜びはいかばかり。

（末夏渉秋、尚有余暑。酒酔宿醒、掩露而食。甘而不飴、酸而不酢。道之固以流味称奇、況親食之者。）

　いったいこれは、どこの仙境にある伝説のくだものなのだろう。このひとは奇妙な詔（みことのり）を出していることでも知られて

いて、『全三国文』をひもといてみると、群臣への詔として
梨のこと、荔枝(ライチ)のこと、蜜柑(橘)のこと、さらには孟達(もうたつ)が曹
丕に語ったという、飴や蜜で味つけした蜀の肉料理(しょく)にかんす
る記述が見つかる。

『芸文類聚』によると、ぶどうについてはしぼった汁をその
まま醸すだけでおのずと酒になることや、酔いざめのみなら
ず酔いごこちもタチがよろしいことを、曹丕は知っていたよ
うだ。また先の『酉陽雑俎』の記述では、ぶどうとは架の木(たな)
陰を有し、果実は星のように座し、真珠のように連なり、歯
にあたるとひとりでに溶ける、などと夢のようにも語られて
いる。ぶどうとは後世のひとびとが想像するよりずっと霊妙
な果実だったのだろう。

　冒頭の「西域の河中で十詠　その一」は理想郷の果実とし
てのぶどうのようすをかいま見ることのできる詩だ。耶律楚
材は初期のモンゴル帝国に仕えた詩人。なんでも、モンゴル
が中国に攻め入った折に捕虜となったものの、家柄の良さ
や、長身長髪でもの怖じしない態度がチンギス・ハーンに気
に入られ、中国語担当の書記官としてハーンの側近になった
という経歴らしく、西アジア遠征に随行した体験および詩を
『西遊録』に残している。

6. 風の手のままに

蓼花　陸游

十年詩酒客刀州

毎為名花秉燭遊

老作漁翁猶喜事

数枝紅蓼酔清秋

刀州での十年間は

詩と酒に夢中だった

夜ごと美しい花のために

燭をついやし遊びほうけた

年老いた漁夫となった今も

浮き立つ気分は残っていて

紅い蓼をそっと噛んでは

清らかな秋に酔っている

（陸游「蓼の花」）

空耳のようによみがえる風の情景はいくつもある。

なかでも風変わりなのが、あやとりをめぐるそれだ。

あやとりのふしぎを語るときは、それをおりがみと比べるとたいへん説明しやすい。たとえば、おりがみというのは、

どれもこれもかたちがよくできすぎている。つくったものがそこに残るのも、遊び終わったあとの気分の収まりがなんとなく悪い。

　いっぽう、あやとりはどんなかたちも謎めいている。それはやわらかな幾何学さながらそのかたちをつぎつぎと変化させ、またそっとテーブルに置いたときは古代人のらくがきを髣髴とさせる。

　まるでひとびとの想像力を試しているかのように。

　そう、つまるところこの遊びの本質は「イメージする力」にあるのだ。しかしそれにもまして極上なのは、あやとりではつくったものを必ずこわしてしまうこと。この途方もなく純粋な無所有性。あやとりの快楽とは、そのイメージの透明度と、物質的な達成感のなさにあるのかもしれない。

　ところで透明度と無所有性といえば兵頭全郎にこんな川柳がある。

　あやとりを手放すときのつむじ風

　抽象的な像をつかのま結んでいた糸が、指先からほどけてゆくさなかそこに風を発見するといった、たいそう無為でたわいない感覚を書いた句だ。

　けれどもこの句を読むと、あやとりの本義が〈静止するかたち〉の解釈ではなく、パターンを創造しつつそれを変化させること、空間と時間とのまじわるところを魚のように縫い

泳ぐこと、そして無限へむけてたえまなく運動しつつ、とき
おりふいの回帰を経験するといった〈流動するかたち〉を生き
ることなのだと気づかされる。

　さらにまた、流動がおさまり、指から糸がそっと離れたと
き、そこにあらわれるのはひとつの環であったというとても
美しい結末。

　宋の陸游が書いた「蓼の花」は文句なしに魅力的な詩だ。
見晴らしの良い丘にのぼって、耳元でほどけてゆくような風
に吹かれながら読みたい。

　内容については老いて綺麗に枯れたともとれるし、よりエ
キセントリック・エレガンス、すなわち風狂が深まった（な
にしろ蓼を愛でているのである）ともとれて、なんだか可笑
しい。

「名花」は芸妓のこと。でも字面どおり花と訳してみた。あ
とタイトルもチャーミングで、しかも渋みがある。こういう
詩にめぐりあうと、蓼に酔うひとへの返句を詠んでみたくな
ったり、男性はじゅうぶんに歳をとってからが魅力的だなと
かんがえたり、あるいはまた江戸の俳人宝井其角が

　草 の 戸 に 我 は 蓼 食 ふ ほ た る 哉

と詠んだとき、陸游のことが頭をよぎったかもしれない、と
夢想をしてみたり。

6. 風の手のままに

　そうそう、話をあやとりに戻して、ひとつ薀蓄めいたことを書くと、あやとりという意味の語がつかわれている最古の文献は江戸初期の俳句らしい。

　　風の手の糸とりとなる柳かな　　　　　　　　俊安

　寛文5年（1665年）に刊行された、野々口立圃の俳諧集『小町躍』に見られる一句。芽吹きはじめの糸のような柳の枝が春風にもてあそばれる光景とあやとりが重ねられている。

　一般にあやとりは古くからある遊びのように思われているけれど、あるとき国際あやとり協会の冊子を読んでいたら、あやとりが日本古来の遊びであるといった通説の出所は小高吉三郎『日本の遊戯』（1943年）の「あやとり」の項だということがわかった。そこには「これといふ考證もないが、恐らく平安朝時代から行はれてゐた」と書かれている。これは柳田國男『国語の将来』（1939年）の「嘗てハッドン博士（世界の綾取り研究の先駆者：冊子註）が『人間研究』の中に説いたよ（ママ）うに、独楽でも紙鳶でも又綾取でも、今なほ、是を大人の真面目な行事として居る国もあるのだから、遠く捜せば昔の因縁は判って来るかも知れない」といった空想におそらく追従（ママ）した発言で、大昔に日本人があやとりをしていた文字ないし画像資料はいまだ見つかっていないそうだ。

7. 仮住まいの花

芍薬　謝希孟

好 是 一 時 艶

本 無 千 歳 期

所 以 謔 相 贈

載 之 在 声 詩

かりそめの花の香りよ

つかのまの夢の一生（ひとよ）よ

だからこそ笑って贈る

この歌に想いをのせて

（謝希孟（しゃきもう）「芍薬（しゃくやく）」）

　もうすぐお正月なので、買い出しのために市場を夫婦でう
ろついている。

　お正月の準備といっても変わったことはしない。歳の市は
見飽きたし、衣類を新調するお金はないし、いつもと少しち
がうごはんをつくるくらいだ。わが家はひと部屋しかないの
で、大掃除も終わっている。断捨離（だんしゃり）は、捨てるものがなかっ
た。いちおうごみをさがしてみたものの、押し入れすらない
小さな家ではごみをたくわえるチャンスもないらしい。

人生のあらゆることに対し、せずにすむならなるべくそうしたいのですが、と宣言するバートルビーが心の中に棲んでいて、彼の言うとおりにしていたら、いつまでもこんなふうである。

　結局、花ばかりをあれこれと買い、家までつづく運河ぞいをぶらぶらしながら帰ることにした。

　ゆったりと流れる運河があたたかい。ピレネーの山なみがうっすら空と溶けあっている。運河ぞいの木立にクロウタドリが遊んでいる。

　クロウタドリはヨーロッパ人にとって親しい鳥だ。

　京都に住んでいたころ、学校からの帰りしなにブルーノ・ムナーリの『Bruno Munari's ABC』を購入し、家に帰って絵本をひらき、Cの頁に載っていたカラス（crow）のイラストを目にして「どうしてこのカラスはくちばしが黄色なのだろう？」と首をかしげたことがあった。それがラングドック地方に引っ越してきたことで、あのときのイラストが実はカラスではなくクロウタドリ（blackbird）だったことに気がついた。

　そして今ではムナーリにとって、黒い鳥といえばクロウタドリ以外ありえなかったということが、あたりまえすぎるくらいわかる。

「あのさ」

歩きながら、夫がしゃべる。

「ん」

「何ももたずにふたりきりで外国で暮らしてると、ずっと旅してる感覚、抜けないよね。それで、こうやって運河を散歩して、苔むす水の果てをながめて、何もかもが美しくて、ほんとうに人生って終わらないハネムーンだよね」

　つないだ手が、ほかほかしている。

　うん。そう思う。

　ハネムーンの部分を差し引いても、終わらない旅と脱文脈的人生というのは、おそらく最高の相性だ。

　宋の詩人謝希孟の「芍薬」には、ほんとうのわたし、という物語など気にもとめず、かりそめの生、うたかたの世、うつしよの言といった虚構を堂々と生きる女性ならではの気品がある。この手の気品を綺麗に写しとるには、歌謡の香りをふんだんに薫きしめた訳がふさわしい。たとえば、こんなひとたちの。

　つゆのまの花のかんばせ

　いのちあるもののはかなさ

　たはむれにさしあげませう

　つかのまのよろこびのため　　　　　　　　（小池純代・訳）

　束の間の色香なるべし

　あすしれぬ花のいのちよ

　さればこそ贈らむものを

これやこの歌に托へて　　　　　　　　　　（那珂秀穂・訳）

　近代以前のこうした奥行きのない死生観は、むやみに真実を騙らないという意味できわめて倫理的だ。じぶんもこんなふうに、シュレディンガーの猫的に、存在論的幽霊的に、底なしに奥行きのないリヴァーシブルな死生をうふふと味わいつつ、蛍のように明滅してゆきたい。

　　わたくしといふ現象は
　　仮定された有機交流電燈の
　　ひとつの青い照明です
　　（あらゆる透明な幽霊の複合体）
　　風景やみんなといつしよに
　　せはしくせはしく明滅しながら
　　いかにもたしかにともりつづける
　　因果交流電燈の
　　ひとつの青い照明です

　　　　　　　　　　　　（宮澤賢治『春と修羅』序）

　部屋にかざることも、身にまとうことも、心にとどめることもない多くのこよなき言葉、いとしい意味が、人生という仮住まいを今日もさらさらと流れてゆく。

8. 風光をわがものにして

山園小梅　林逋

衆芳揺落独嬋妍

占断風情向小園

疎影横斜水清浅

暗香浮動月黄昏

霜禽欲下先偸眼

粉蝶如知合断魂

幸有微吟可相狎

不須檀板与金尊

かぐわしい花々が散ったあとひとりあでやかに
おまえはこの小さな庭の風光をわがものにする
まばらな枝の影がよこたわる　きよらかな浅瀬
あえかな花の香をただよわす　ほのあかき月光
白鷺がおまえに乗りたくて　さっと四方を盗み見ている
白蝶がおまえを知ったなら　きっと途方に暮れるだろう
嬉しいことに　詩のささやきがおまえにはよく似合う
おまえを愛するのに　拍子木や酒樽など要りはしない
（林逋「山園の小梅」）

クロード・レヴィ＝ストロース『悲しき熱帯』はタイトル
が超ハードボイルドだし、表紙の少年のつらがまえがかっこ
いいし、冒頭が「わたしは旅と冒険家が嫌いだ」なんてあか
らさまな煽りからはじまるし、そう書いておきながら実は西
洋文明に飽き飽きした主人公（レヴィ＝ストロースじしんの
こと）がアマゾンに飛び立ってしまうストーリーだし、あげ
くのはてに最終章の主人公の台詞が「世界は人間なしに始ま
ったし、人間なしに終わるだろう」である。なんという非
情。これでベストセラーにならなかったらそれこそどうかし
ている。

　それはそうと著者名というのは書物の香りをかたちづくる
かなめである。もし『血の収穫』にダシール・ハメットと
いう異国情緒あふれる名前が記されていなかったなら、誰ひ
とりこの本のすごさに気づかなかったかもしれない、という
意味で。それと同様『悲しき熱帯』も、もしもクロード・レ
ヴィ＝ストロースという明朗かつ開放的な響きの名前が添え
られていなければ、ただの優れた研究書にすぎなかったであ
ろうことは想像に難くない。あまつさえこれがブルジョワめ
いた甘い香り（アントワーヌ・ド・サン＝テグジュペリとか、
そんな感じ）の名前だったとしたら、構造主義をブームにもで
きなければ、それを支え切ることもとうてい不可能だったの
ではないだろうか。

　そういえば、わたしは以前から『存在と時間』という本を
読んでみたいと思っているのだけれど、ハイデッガーという

名前がいささか大仰に感じられ、気恥ずかしく、なかなか近づくことができない。哲学書と大仰さって相当いただけない組み合わせだと思う（ハイデッガーに罪はないが）。そしてまたあえて言い足すならば『ターミネーター』とシュワルツェネッガーとのとりあわせは唸るほど好きだ。ああ、あの筆舌に尽くしがたいマリアージュ感。

　と、こう書いてみて大畑等に〈なんと気持ちのいい朝だろうああのるどしゅわるつねっがあ〉という俳句があることを思い出した。この句については、シュワルツェネッガー本人のボディにまったく引けをとらないくらいビルディング性の高い Arnold Schwarzenegger という綴りをひらがな表記すると思いがけずも感嘆詞になってしまうことの発見、あるいは歴史上はじめて筋肉性を帯びた感嘆詞の誕生、などと歌人の柳本々々が説明しているが、怖いくらいの慧眼である。俳句において感嘆詞とは切れ字のことでもあるから、大畑の句が伝統的手法の上で書かれていることも、柳本の説明はするどく射抜いているのだ。

　名前にまつわるイメージといえば、宋の林逋の話もある。このひとには林和靖という別名があるのだけれど、こちらの名前のほうがずっと親しまれているせいで、わたしは彼のことを江戸時代の文人か何かだと長いあいだ思いこんでいたのだ。この思いこみを修正する機会はもちろん無数にあったのだけれど、誰がいつどこで生まれたのかなんて興味がないか

らいつも忘れてしまう。

　そんな林和靖の「山園の小梅」は梅という字がいっぺんもつかわれていない詠物詩として有名らしい。「まばらな枝の影がよこたわる　きよらかな浅瀬／あえかな花の香をただよわす　ほのあかき月光」の対句がのちの世代の欧陽脩に絶賛され、広く知られるようになったのだとか。

　梅と流水をめぐる「暗香疎影」は美術の領域でも親しまれており、また「清浅」も男女の情愛をほのめかすものとしてしばしばモチーフとなる。「霜禽」については中国の辞書を引くと「白い鳥。殊に白鷺、白鷗」とあり、出典としてこの詩が載っていた。ただし林和靖は、

　梅 白 し き の ふ や 鶴 を 盗 ま れ し　　　　　松尾芭蕉

といった挨拶句があるくらい梅と鶴とを愛した男として有名なため、白鶴で決まりでしょうと語る研究者も。

　わたしがこの詩を知ったきっかけは『西遊記』の第九回できこりと漁師とがくりひろげるごきげんな詞合戦（歌合戦）に「幸有微吟可相狎　不須檀板与金尊」の部分が引用されていたことだった。この詞合戦、蝶恋花・鷓鴣天・天仙子・西江月・臨江仙、と詞の様式をどんどん変えて戦うのだけれど、未完となった小野忍訳の岩波文庫版が最高に良いので、こっそりおすすめしたい。

9. 猫と暮らす

祭猫　梅尭臣

自有五白猫　鼠不侵我書

今朝五白死　祭与飯与魚

送之于中河　呪爾非爾疎

昔爾齧一鼠　銜鳴遶庭除

欲使衆鼠驚　意将清我廬

一従登舟来　舟中同屋居

糗糧雖甚薄　免食漏窃余

此実爾有勤　有勤勝雞猪

世人重駆駕　謂不如馬驢

已矣莫復論　為爾聊欷歔

五つの白い斑のあるネコを飼いはじめてから

ネズミがわたしの本をかじらなくなった

今朝その五白が死んだので

飯とサカナを供えて弔った

川のまんなかでなきがらをながし

見おくりつつ経をとなえたが

これはおまえをぞんざいにあつかったのじゃない

そういや昔　おまえは

いっぴきのネズミにかじりついたかと思うと

それをくわえたまま庭の階段を鳴いてうろつき
ほかのネズミたちをぞっとさせようとした
あれはわたしのあばら家を守るためだったのだ
ひとたび舟に乗りこんでからの日々は
ずっとおまえとひとつの部屋ですごしてきた
食糧はとぼしかったが
ネズミの残飯を食わずにすんだのは
実におまえのはたらきのおかげだった
そのまめまめしさはトリやブタにまさる
世間はモノやヒトをはこべることから
ウマやロバにかなう動物はないとも言うが──
ああ
そろそろひとり語りはやめよう
おまえのために少し泣かせてくれ

（梅 尭 臣 「猫を祭る」）

　猫と暮らしてみたい。
　とはいえ猫といえば、ゆるぎない日常の寓意として俗界に
君臨するいきものである。その手のシチュエーションに疎い
じぶんに彼らの同居人がつとまるのかどうか、かなり心もと
ない。
　たとえば、この心もとなさの原因のひとつになっているの
が、身に染みついた引っ越し癖だ。

幼少のころは3つの幼稚園と、3つの小学校を経験した。高校のときは単身で親元と東京とを往復し、京都に住んだ大学時代は8回の転居。海外に出てからは12回。こうまで落ち着いた生活をしたことがないと、いつも同じ場所にいて、同じ人間とあいまみえる感覚というのが自然とおぼつかなくなってくるし、だからといって猫をかかえての移動もうまく思い描けない。

　その点、詩は移動の友としてずいぶん優れている。猫よりもずっと持ちはこびが楽だし、小説とちがって暗記もかんたんだ。

　ふだんは手ぶらで海にゆき、記憶している詩をひとつずつゆっくりと心の中でたどりなおす。そしてたまに、あ、詩って旅にそっくりなんだ、とびっくりする。詩の言葉というのはおいそれとこの手で摑めない。まるで日常性からの隔たりがその本質であるかのように。

　詩と自己とのあいだに存在する、果てしない距離。まぶしいくらいの。手の届かないものを友とし、それと旅しているなんて、よくよくふしぎなことだ。

　宋の梅尭臣のことは、詩人としてよりも先に批評家として意識したように記憶している。たしか平淡というそれまでの文学において否定的に捉えられてきた概念を、積極的な価値につくりかえたのが彼であったことがじぶんの興味を引いたのだった。

44

もともと「淡」の字は『老子』に「道の口より出ずるは、淡として其れ味無し。これを視れども見るに足らず、これを聴けども聞くに足らず。これを用うれば既すべからず」とあり、さらに『荘子』にも「君子の交わり、淡きこと水の如し。小人の交わり、甘きこと醴の如し。君子は淡以て親しみ、小人は甘以て断つ」とあるように、哲学においては肯定的な意味でつかわれていた。ところが文学の領域では「淡」をもってイメージしうる佳品が稀だったため、その価値転換には宋の時代を待たなければならなかったようである。

宋詩は、唐詩には希薄だった題材の幅への意識や、生活に密着した作詩態度などをその特色にもつ。「猫を祭る」もことさら特殊な状況を高らかにうたうのではなく、ごくありふれた日常のひとコマを、あくまであっさりと書いた作品だ。

もっとも梅尭臣の「日常」には、けっしてひとつの場所に居つかない、この世が旅であることへのはっきりとした自覚があることを見のがすことはできない。

つかのまの旅路をともにしたいっぴきの猫。その友に語りかけつつさいごに涙をながす彼のすがたは、この世で夢を見ることのよろこびとかなしみとを語り尽くしている。

10. 夢を生きる者たち

春日酔起言志　李白

処世若大夢
胡為労其生
所以終日酔
頽然臥前楹
覚来眄庭前
一鳥花間鳴
借問此何時
春風語流鶯
感之欲歎息
対酒還自傾
浩歌待明月
曲尽已忘情

この世に生きることは
夢をみるのと変わらない
愁いを遠ざけたまま
こんなふうにひねもす酔いしれ
戸口の柱でひとねむりする
ふと
目をさますと庭先に

一羽の鳥　花の中で啼いている

ああ　いったい今はいつだろう

梢をわたるうぐいすは春風と語らい

わたしはそのありさまにため息をつくばかり

思わずまた杯をかたむけ

朗々と歌いながら月を待ったのだけど

歌いつくす頃にはなにもかも忘れて

またぐっすりと眠っていた

　　　　　　（李白「春の日、酔いより起きて思いを言う」）

　昔、外国にいた伯父が、当時幼かったわたしに言った。

　敗戦で日本に引きあげるときは、はっきりと死を覚悟した。それでも、もうだめだという瞬間までは好きにやるつもりでいたら、結局さいごまで手元に残ったのがヴァイオリンだった、と。

　子どものわたしは「そんなときに楽器？」と伯父の話を少しも信じなかった。ところが大人になったある日、柳宗理のこんな戦場体験を読んだ。

　柳は南方戦線で、食料もなく、さいごは何ヶ月もジャングルの中をさまよったらしい。そしてとうとううごけなくなりもうだめだと悟ったとき、それまで肌身離さず持ち歩いていたル・コルビュジエ『輝く都市』の原書を背嚢からとりだして土中に埋めたのだそうだ。

『輝く都市』の原書は300頁を超える大判の建築図版である。わたしは柳がそんな重たい本を背負ったまま戦地を逃げまわっていたことにあぜんとしつつ、いや、もしかすると人間とはそういうものなのかもしれない、とかぶりをふった。

　ある種のひとびとは、死のぎりぎりまで夢をみる。

　死とひきかえに夢をみるひとさえいるだろう。

　夢をみるひとは、つまり何をみているのか？

　僕はね、記憶をたぐると、そのつど過去があらたに生まれるような心地になる。記憶は書庫に似て、なんどでも読み返せるんだ。記憶をモニュメントとして捉えるのは、あれは嘘だよ。だってモニュメントは夢の終わった場所に建つものだからね——伯父はなんでもない顔をして、そう語った。

「春の日、酔いより起きて思いを言う」でとくに気に入っているのは、ふと目覚めたとき、花の中で一羽の鳥が啼いていたというくだり。いまだ夢のような光景におのれの所在が一瞬あやふやになる感じ、またそこへすかさず春風が起こり、李白の意識をふたたび覚醒させるといった演出がとてもこまやかだ。

　そしてもちろん、なんど目覚めようと李白の夢が終わらないことは言うまでもない。この世は夢のモナド。夢こそ宇宙のすべてなのだ。李白は「春夜宴桃李園序」において夢についてこんなふうにも語る。

天地は万物の宿であり、月日は永遠の旅人である。

そして人生は夢。いかほどの時を歓びに費やせよう。

（夫天地者万物之逆旅、光陰者百代之過客。而浮生若夢。為歓幾何。）

この序は松尾芭蕉『おくのほそ道』の冒頭「月日は百代の過客にして、行かふ年も又旅人也」の典拠にもなっているが、李白の語り口はものごとの祖型としてより端正で、枕辺に聞く物語としても似つかわしい襞がある。

あとこの詩はマーラー「大地の歌」の第5楽章「春に酔える者（Der Trunkene im Frühling）」の原詩としても知られている。でもじぶんは、あんな俗調の酩酊で話がすむのなら李白を借りるひつようなどないのに、と気に入らない。たとえば、もしもがらりと雰囲気を変えてしまうのであれば、

久方のひかりのどけき春の日にしづ心なく花の散るらむ

紀友則

なんて趣向はどうだろう。

光と風のあふれる世界のみが表現できる、夢の世に生きて在ることの歓ばしき無情。降りしきる花が、まるでかなしみの果てに心を喪った涙のようだ。

11. 生まれたてのピクニック

従斤竹澗越嶺渓行　謝霊運

猿鳴誠知曙　谷幽光未顕

巌下雲方合　花上露猶泫

逶迤傍隈隩　苕遞陟陘峴

過澗既厲急　登桟亦陵緬

川渚屢径複　乗流翫迴転

蘋萍泛沈深　菰蒲冒清浅

企石挹飛泉　攀林摘葉巻

想見山阿人　薜蘿若在眼

握蘭勤徒結　折麻心莫展

情用賞為美　事昧竟誰弁

観此遺物慮　一悟得所遣

猿が鳴き　夜明けがやってきたけれど

谷はしずかに霞んでまだなにも見えない

岩の下では雲が重なりあい

花の上には露が滴っている

くねくねと奥まった道に添い

とびとびに険しい谷を越え

服を着たまま谷川をわたり

桟道をのぼって遠くの山の上に出る

川のほとりを行ったり来たり

渦巻く流れとたわむれれば

浮草はゆれながら淵にしずみ

まこもやがまは瀬にきよらか

石の上につま先立ちして湧き水をくみ

木の枝を引きよせて若い葉を摘みとる

それから山で修行する人のすがたを

その葛の衣までありありと思い描いたり

蘭草をにぎりしめ　贈る人もいないのに
<small>ふじばかま</small>

心をこめてむやみに結んでみたり

麻を折り　やはり贈る人がいないので

胸をしゅんとしぼませたりする

心というのは無心に感動することによって

美しさを創造するらしいけれど

それは誰にでもできることじゃない

ただこの景色をながめていると

わずらわしい俗事をすっかり忘れて

無心の境地に近づけそうなのはほんとうだ

　　　　　　（謝霊運「斤竹澗より峰を越えて谷川をゆく」）

　ふだんよく聴く曲にジョン・ケージの「サーティーン・ハーモニーズ」というのがあって、これは音があくびみたいに鳴ったり、あ、そういえば、と急に何かを思い出したかのよ

うにうごいたり、うーんと伸びをしたり、かと思えばふっと息をついたりと、流しっぱなしにしていると身体がほぐれる感じがして、気分が良い。

　誰にも邪魔されることなく音がひとりで機嫌良く遊んでいる光景をこっそりながめている、そんな快感もある。

　ひとが自然にさからおうとせず、そのありさまにそっと心を添わせるとき、自然はありのままの素顔をひとに見せてくれる。確かディネーセンの『アフリカの日々』に、広大なサバンナに棲むキリンの群れが上下に首をゆらし、ほそながい脚を折り曲げてゆっくりと原っぱを移動するさまを、あたかも毒の斑をまとった気高い百合族がみずからうごいてゆくかのように高貴であると綴ったくだりがあったと記憶するのだけれど、音楽もまた人間から自由であるときは、まるで気ままな蜃気楼のように、ゆっくりと大気の中を移ろうばかりにみえる。やわらかく、とてもやわらかく、空耳の楼をおのずからゆらしつつ――。

　「斤竹澗より峰を越えて谷川をゆく」はひとりの求道者が自然の中をはつらつとうごきまわる詩である。どうやら仏教の修行のために山に入ったようなのだが、自然とふれあうそのさまは禁欲的かというとさにあらず、好奇心いっぱいの動物の子どものようにきらきらとスピリチュアルだ。

　謝霊運は4世紀に活躍した山水詩の祖。文学の美と仏教の聖性とを融合させたパイオニアとしても知られる。

わたしはこの詩を読むまで、山水詩というともっと形式化された風景詩を想像するのがつねだった。それはたとえば王維の自然詩もそうで、彼の詩には自然とじかにたわむれ、あらゆる形態の生命にためらわずキスするようなコミュニケーションの作法は存在しない。良くも悪くも、あくまで趣味の良いインテリといったスタンスにとどまっているのである。

いっぽう「斤竹澗より峰を越えて谷川をゆく」では森羅万象のありさまが観念的図式に陥らず、あらゆる感覚がういういしい体験として、鼓動のリズムと歩調を合わせながらフィールドワークのように綿密に追い描かれる。言葉にそなわる素朴な躍動感。五感の環境地図が生成されてゆくようすがあらわなライヴ感。悟りのことを飾らずにあれこれかんがえるやわらかな心。この詩のあかるい雰囲気がこうした未開発、未発見、未知数的性質に負っていることはまちがいないだろう。

あともうひとつ興味ぶかいのが、大貴族の出身である謝霊運の散歩にはお供の者たちが何十人何百人といたらしいことだ。ただ読んでいる分にはそんな気配はみじんも感じられないのだけれど、実はこの詩の中には人間がひしめいているのである。もしかすると、あんがいこの大勢でのハイキング状態が、この詩を良い意味でリラックスさせている最大の原因かもしれない。

12. 雪月花のとき、最も君をおもう

寄殷協律　白居易

五歳優遊同過日
一朝消散似浮雲
琴詩酒伴皆抛我
雪月花時最憶君
幾度聴鶏歌白日
亦曽騎馬詠紅裙
呉娘暮雨蕭蕭曲
自別江南更不聞

のんびりと
気ままに過ごした五年の歳月は
ある朝ふと
浮き雲のような終わりを迎えた
琴を奏で　詩を吟じ　酒を酌み交わした友らは
皆わたしのもとを去っていったが
雪の朝　月の夜　花の昼と季節がめぐるごとに
誰よりも思い出すのは君のことだ
なんど「黄鶏」を聴き「白日」を歌ったことか
馬にまたがる紅裙の美人を詠じたこともあった
呉二娘の「暮雨蕭蕭」という曲は

江南で君と別れて以来いちども聞いていない
（白居易「協律郎の殷に寄せる」）

　フランスに来る前、みんなに会いたくなって、昔いくどか
入院した施設を訪ねたことがあった。
　そこは幼いころから心身の弱かったじぶんがもっとも長い
時間を過ごした施設で、ありがたかったことに、世間から疎
外された状態にあることをさかしまな救いとして生きる患者
たちが、そこで暮らす唯一の子どもだったわたしを、まるで
修羅に迷いこんだ子猫みたいに可愛がってくれたのだった。
若さというありふれた特色がよほどそぐわなかったのだろ
う、主治医さえ日に5回も6回もようすを見にやってくる。
今までいろいろな病院を経験したけれど、その施設ほどいっ
ぷう変わった空間をわたしは知らない。
　施設を出てからも、わたしはことあるごとに、そこでの生
活を思い返した。主治医と夜どおし遊んだ検査室の、ほのぐ
らい蛍光灯とその微音。図書室の本のあちこちにある、患者
たちの手による落書き。入れかわり立ちかわり施設にやって
きては、患者たちに童謡や唱歌を歌わせようとする女子大の
ボランティア集団。脳波を24時間測定しつづけることので
きる小型機器を腰のベルトにぶら提げ、頭から色とりどりの
リード線を垂らし、宇宙人のようないでたちで出かけた近所
のカレー屋。将来あなたに悪い虫がつかないように、と笑い

ながら親指の爪ほどの大きさの般若の面を彫ってくれた彫刻
家の女性。大好きだった。今どうしているだろう。

　施設を訪れた日の病棟は、窓の外にひろがる雲ひとつない
青空をよそに、昼下がり特有のほのぐらく静まりかえったよ
うすで、ひとの気配がほとんどなかった。
　長い廊下を抜けると、がらんとしたホールに、カポックの
鉢と大きなテーブルが昔のままにあった。テーブルのまわり
にパイプ椅子が散らかっている。ホールの隅には黒いビニー
ル張りのロビーチェアが数台ならび、音の消されたテレビ画
面がワイドショーを白っぽくにじませていた。
　わたしはテーブルにもたれ、ぼんやりと天井をあおいだ。
ああ、なぜみんなに会えると信じていたのだろう。あれから
ずいぶん経つというのに。
　するとそこへ、たまたまホールを通りかかった患者らしき
男性が、あれえどうしたの、と親しげな声を放った。知らな
い顔。だがむこうはこちらをおぼえていると言う。
　当時この階にいたひとたちに会いにきたのです。わたしは
答えた。するとその男性は、ざんねんだねえ、みんな死んだ
よ、と小声で肩をすくめた。そして患者の名前をひとりずつ
あげ、それぞれの死にざまをひそひそと語りだした。
　なんということだろう。男性の話を聞きながら、わたしは
日々を過ごした仲間たちの中でじぶんだけが生き残ったこと
を知り、身体がふるえるのを感じた。かなしかったのではな

い。おのれだけが命という幸運に恵まれ、今ものうのうと生きていることが彼らに対してただただ申し訳なく、また身もだえするほど恥ずかしかったのである。

　ここはなつかしむことが許される空間ではなかったのだ。そんなあたりまえのことをやっと悟ったわたしは、逃げるようにその場から立ち去ろうとした。と、その一瞬、ひとのすがたが目の端をよぎった。

　般若の面を彫ってくれた、あの女性だった。

　彼女はホールの隅で静かにテレビを見つめていた――画面に映っているものを何ひとつ理解していない表情で。

　施設の門を出ると、そこには初夏らしい緑あふれる光景があった。車道のむこう側に、軽トラの荷台に片足をかけ、おびただしい花序をかぶった幌を、その残骸にむせるほどの勢いで払う若者が見えた。

　若者の頭上には花ざかりのムクロジが鬱蒼と葉をひろげ、彼の額をあおあおと染め上げている。そのようすに反応して思わずじぶんの額をぬぐうと、ふいに風がうごいた。

　湿った臭みのあるそのすがすがしい風を、わたしは病み上がりのような蒼く透きとおった気分で深く吸いこんだ。風は胸の奥にある硬い幹のようなものに当たった。

　それはかつてわたしが、何かを想う力によって深く傷を刻み、じわりじわりと時間をかけて彫り上げた一艘の刳舟だった。わたしはその刳舟を、身体の中に棺のごとく立てかけて

いたことをひさしぶりに思い出した。

　あれから月日は流れたけれど、刳舟は今もそこにある。この世の果てへ漕ぎ出すことなく、石原吉郎の〈花ひらくごとき傷もち生きのこる〉という句をその胴部に刻み足して。

　白居易の考案した有名な表現のひとつに、協律郎（音楽をつかさどる役人）だった殷という名の部下に宛てた詩「協律郎の殷に寄せる」に登場する「雪月花（せつげつか）」という語がある。この語は和語として用いる場合「月雪花（つきゆきはな）」と書くのがならわしだ。

　　琴詩酒伴皆抛我　　琴詩酒の伴（とも）、皆我をなげうち
　　雪月花時最憶君　　雪月花の時、最も君をおもう

　情熱的にもほどがある、と言うべき完璧な対句。もしもわたしが元稹だったなら「こんな素敵な言い回しを思いついたのなら、お願いだからまず僕のためにつかって」と釘を刺したくなるくらいラヴレター的な香りも濃厚だ。
　実際この香りに心ゆさぶられたらしい者は多い。たとえば与謝蕪村は義経と弁慶との関係を

　　雪 月 花 つ ゐ（ママ） に 三 世 の 契 り か な

と俳句に詠んでいるし、また土御門院にも

12. 雪月花のとき、最も君をおもう

　おもかげも絶えにし跡もうつり香も月雪花にのこるころかな

という和歌がある。

　こんなふうに、雪月花というコンセプトには別れの悲嘆が
まず前提としてあり、その上できわめてダイナミックな、相
手を今もって狂おしく求める心があふれやまない。花鳥風月
のようなスタティックな美意識とはフィーリングがもとから
ちがうのだ。

　さらに雪月花はここにいない誰かへの思慕が主題となるた
め、いきおい喪の風合いをただよわせもし、次のような変奏
が生まれたりもする。

　春の花秋の月にものこりける心のはてはゆきのゆふぐれ
　　　　　　　　　　　　　　　　　　　　　藤原良経

　西行の〈ともすれば月澄む空にあくがるる心のはてをしる
よしもがな〉および〈こころなき身にもあはれはしられけり鴫
たつ沢の秋の夕暮〉をふまえた歌だ。ここには作者の手から
失われた他者の面影のみならず、作者そのひとの遠からぬ消
滅をも予感させるけむりのような孤独がゆらめいている。

13. 芹と筍のお弁当

新城道中二首之一　蘇軾

東風知我欲山行

吹断簷間積雨声

嶺上晴雲披絮帽

樹頭初日挂銅鉦

野桃含笑竹籬短

渓柳自揺沙水清

西崦人家応最楽

煮芹焼筍餉春耕

東の風は

わたしが山に行きたがっているのを知ると

軒端にまで聞こえていた雨音を

きれいさっぱり吹きとばしてくれた

山のいただきは　わたぼうしの雲をかぶり

樹のてっぺんに　たたきがねの陽がのぼった

野道の桃は咲きほころんで　垣根のような竹はみじかく

谷川の柳はおのずとゆれて　岸辺によせる水はきよらか

西の山麓の住人にとって

今はいちばん心はずむ季節

芹を煮て　筍を焼いて

春の畑で働くひとびとのお弁当をこしらえている
　　　　　　　　（蘇軾「新城の道中で　二首の一」）

　ひさしぶりに会った知りあいと旧市街のレストランで晩ご
はんをたのしみ、帰りしなマセナ広場の前を通りかかると、
カルナヴァルの準備が着々と進んでいた。
　カルナヴァルを待つ時間というのは胸がどきどきする。と
いってもお祭りそのものが待ち遠しいのではない。そうでは
なく、広場にでんと足場が組まれ、ことの全貌がだんだんと
あらわになってきて、しかしまだ何ひとつその場に起きてい
ない感じが好ましいのだ。何かが出現しようとする空白とい
うのは、その前後に何もないぼんやりした空白とぜんぜんタ
チがちがう。
　いっぽうお祭りのあとの空白はたいへん気に入らない。よ
り正直にいうと、ポスト・コイトゥス的な実感がおしなべて
苦手である。だから馬鹿騒ぎするときも途中でおいとまする
し、ごはんも日ごろからおなかいっぱい食べない。より深く
満たされるために完遂の一歩手前でその行為を止めて、今こ
この快楽をどこまでも膨らましたいのかもしれない──あく
までもうわべは平淡をよそおいながら。
　平淡といえば、梅堯臣（「猫を祭る」の作者）らと一緒に詩
における「淡さの美学」の土台をつくった宋の詩人に蘇軾が
いる。このひとの語るに、淡さとは奥ぶかく、円熟した味わ

いのあとにふわりと訪れ、あらゆるコクを内包した境地らしい。

　なるほど。腑に落ちる。おそらく老子の、無味とは味わいがないことではなくあらゆる味をアウフヘーベンしたものであるという説も同じ意味なのだろう。無味とはあらゆる味を含むと同時に無であるもの、すなわちコーラであるなんて言い方もできそうだ。またこんなざれごとではなく、淡さという概念をめぐる味を超えた味わいについて正確に知りたいという方には青木優子「淡さの中で：北宋以降の『淡』の美学的価値を中心に」あたりが手頃でおすすめだ。

　それはそうと、蘇軾の詩は、平淡とはいっても無味礼讃な雰囲気ではまったくない。というか、はっきり言って、かなりジューシーである。この「新城の道中で　二首の一」にしても「芹を煮て　筍を焼いて／春の畑で働くひとびとのお弁当をこしらえている」の部分がうれしくて、読むたびに頬がゆるんでしまう。

　ちなみに蘇軾の号は東坡というのだが、東坡肉という料理はこのひとが絶賛したことでその名をもつようになった。まこと宜しき逸話だ。ほかには広東に流罪になったときのこんな詩も。

食荔枝　蘇軾

羅浮山下四時春

盧橘楊梅次第新

13. 芹と筍のお弁当

日啖茘枝三百顆

不妨長作嶺南人

羅浮山のふもとは

ひねもす春だ

きんかん　やまもも

つぎつぎとれる

ライチも日に

三百個むさぼれるし

このまま広東人に

なるのも悪くないな

（蘇軾「ライチを食う」）

　蘇軾はこれを 61 歳のときに詠んだのだが、この詩ののんきぶりのせいで島流しの刑がまるで堪えていないと誤解されたらしく、さらに海南島に左遷されてしまったそうだ。

　こんなふうに蘇軾の素敵さは、その波乱万丈の人生にもかかわらず、人生にかなしみがあるのはあたりまえ、むしろそればかりじゃない生の現実をちゃんと詩に捉えようよと言って、それまで漢詩のスタンダードだった悲哀という主題から綺麗に脱却してみせたところにあるのだった。そしてまた人生の短さを感慨するひとのあふれる詩の世界で、その長さをくりかえし書きつづけたところにも。

14. ぴたりとはまる

飲酒二十首其五　陶淵明

結廬在人境
而無車馬喧
問君何能爾
心遠地自偏
採菊東籬下
悠然見南山
山気日夕佳
飛鳥相与還
此中有真意
欲弁已忘言

小さな家を人里にかまえながら
わずらわしいつきあいとはまるで縁がない
なぜそう上手くゆくのかと君はきくけれど
心が世間から遠く離れてさえいれば
町にいたって秘境に隠れているようなものなんだ
東の垣根で菊を摘んでいると
はるかかなたの南山がふと目に入る
山のおもむきは夕日にひときわ美しく映え
鳥たちは連れ立ってねぐらへと還ってゆく

こうした風景の中にこそ

　　人生のほんとうの意味がある

　　ただそれを言いあらわそうにも

　　とうの昔に言葉を忘れてしまった

　　　　　　　　　　　（陶淵明「酒を飲む二十首　その五」）

　心がゆったりするとは、つまりどのような状態か？

　そんなことを、たまにかんがえる。

　なぜそんなことをかんがえるのかというと、かれこれ長い
あいだ武術を学んでいるからだ。

　ある日は筆のうごきと息づかいとの関係についてあれこれ
かんがえながら水墨の画集をながめていた。

　部屋のよろい戸をたたんで窓をひらき、空気を入れかえて
いるあいだにお茶を沸かし、淹れたてのカフェオレボウルを
両手でかかえて窓ぎわの壁にもたれる。そしてうららかな午
後の日ざしに膝から下がすっかり浸かってしまった状態で、
水墨の画集にまなざしをあずける。

　なんでも水墨をながめるときは、画家の身体感覚をたどり
なおすことが大切なのだそうだ。描かれた景色ではなく、ま
ずは線の前ぶれとなるうごきを感じ、次にそのうごきにつら
なる筆さばきが自然な息づかいかどうかを確かめるらしい。

　自然な息づかいは線を誘いだす。墨は筆を走らせる。水は
山をきわだたせる。肘の実と腕の虚。気の流れをあらわす濃

淡と乾湿。昂まりと鎮まり。見えるものと見えないもの。うんぬん。

　そういえば中国思想のコスモロジーを陰陽ないし虚実にもとづく二元論として説く本がたまにあるけれど、少なくとも武術や書画においてそれは正しくない。

　宇宙のしくみは天地人の三元論からかんがえるのがイロハだ。

　もともとこの世界は、自然の活力のうごめく渾沌だった。そしてその渾沌を天と地とに分割したはじめの動因こそが人間の呼吸だ。はじめに渾沌があり、人間がそれを別（わか）ち、天地が生まれ、人間はそれを見る。見るとはみずからを投げかけること。投身した人間が天地とひとつになり、かくして世界は自律に至る。

　と、これが天地人の三位一体ともいわれる中国風コスモロジーである。

　ここで少し厄介なのは「別つ」および「見る」といった言葉のニュアンスだ。これを人間の積極的認識が世界を分節化・固定化すると捉えてはいけない。天地人の位相はうごかないものではなく、ひっきりなしに再構成されている。

　で、このニュアンスを説明するのにちょうどいい詩はないかしらとかんがえていて、ふと思い出したのが陶淵明「酒を飲む二十首　その五」のことだった。

　蘇軾の評論集『東坡題跋』によると、なんでも陶淵明の生きていた時代は、山をあおぎ見るときは「望」という字をつ

かうのがふつうだったのに、陶淵明は「見」と書いた。これはたいへん風変わりなことらしいが、それを蘇軾は「作者が菊を摘みながらふと頭をもたげたらたまたま山が見えた、そこに境と意がぴたりと合っていて、この句の最もすばらしい点だ、ところが『望』だと、意識的に見ようと思って見たことになって、たった一字のちがいで一篇全体の神気が索然と失われてしまうのだ」(『陶淵明全集(上)』、松枝茂夫・和田武司訳注、岩波文庫、傍点は出典ママ)と説明している。うまいね。

　原詩の「忘言」は言葉が出てこないという意味。調べてみると『荘子』外物篇の「言は意に在る所以なり。意を得て言を忘る」や斉物論篇の「弁ずるは見ざる有り」などをふまえた表現らしい。

　目で的を射ようとしてはならない。我を忘れ、また言葉をも忘れた、あくまでもぽかんとしたメンタルの状態が、遠くの南山とおのれのまなざしとを、たまさかふっと引き合わせてしまう。

　あまりにたわいない、それでいて対象と自己との芯がぴたりとはまった神なる境地。かつて弓術家の阿波研造は「的と私が一体になるならば、矢は有と非有の不動の中心にある」と語ったが、この不動の中心こそが、対象と自己とのあいだに生じる神気という、ゆったりとした呼吸なのかもしれない。

15. バナナ的スローライフ

飯罷戯示隣曲　陸游

今日山翁自治厨

嘉殽不似出貧居

白鵝炙美加椒後

錦雉羹香下豉初

箭茁脆甘欺雪菌

蕨芽珍嫩圧春蔬

平生責望天公浅

捫腹便便已有余

今日は田舎老人であるわたしが

みずから厨房に入って

貧乏屋敷らしからぬご馳走をつくった

ガチョウの焙り焼きは　山椒をふると旨みが増し

キジの吸い物は　味噌を加えたとたん香りが立った

筍の芽のほろりとした甘さ　白い茸をおもわせ

早蕨_{さわらび}のふわりとした歯ごたえは　春の菜をしのいだ

日ごろは　天のつれなさを

恨むこともあるけれど

ふくれた腹をさすっているときは

こんなにも満ち足りた気分でいられる

（陸游「食べ終わり、たわむれに近所の人たちに見せた詩」）

　ふだんづかいのショルダーバッグから、ポケットチーフのようにバナナの先をさりげなく出して、お出かけするのが好きである。
　バナナはアヴァンギャルドな像、ポピュラーな色、ユートピアな味をそなえていて、全体的に旧式のモダンだ。
　一本のときは機能美のスマートさがあり、一房になるとレトロフューチャーっぽく、テーブルにあるだけで平凡の奥底からそこはかとない物体X的宇宙感覚をただよわせ、実にポテンシャルが高い。
　またバナナには前衛の風貌のみならず、したたかな野生のおもむきもある。とんがった遊びをじゅうぶんにやり尽くしたあと、ひらりと世俗を離れて、今では自然に親しい自適生活をイージーゴーイングにたのしんでいる、といった雰囲気の。風流と通俗とをメビウスの帯みたいにくるりとつないだバナナの折衷様式は、さながら怪しげな仙人のように奥がふかい。
　街に出ると、ことのほかバナナをアクセサリーにしているひとはいるようだ。つい先日もおしりのポケットにバナナを差して、旧式のカメラを覗きこんでいる老紳士を見かけたが、腰布にブーメランを引っかけたアボリジニのおしゃれさにいささかも負けておらず、さすがに年季の入ったよそおい

だと感心した。バナナはアクセサリー兼おやつなのだろうと
思ってさらにじっと見ていたら果たしてそのとおりで、ひと
しきりカメラのレンズを覗いたあとはおしりからバナナを抜
いて、さっとすばやく剝くと、海辺の青いベンチに腰をおろ
した。ベンチの左脇にカメラ、右手にバナナ。まったく隙の
ないコーディネイトだ。

　風流と通俗とのバナナ的折衷様式を生きながら、イージー
ゴーイングなスローライフ詩をたくさん書いた人物といえ
ば、まっさきに思い出すのが陸游のこと。陸游は号を放翁と
いい、その号から察せられるとおり反権威をつらぬいた過激
で豪胆な人生を送ったひとでもあるのだが、とりあえずその
話はどこかにしまっておくとして、とにかくこのひとは暮ら
しぶりのエスプリをぜんぜん隠さないところが読んでいてお
もしろい。
「食べ終わり、たわむれに近所の人たちに見せた詩」も愛嬌
いっぱい、文筆の才もほとばしるがままでよだれが出そうな
ほど。魯山人の墓前に詣で、こんな詩を持参しましたよと供
えてあげたいくらいだ。
　スタイルのある生活を愛するこのひとは、おしゃれのワー
ドローブに蓑を加えたりもする。もちろんみすぼらしい蓑で
はない。仕立てたばかりの、香り豊かな蓑である。

蔬圃絶句七首其二　陸游

15. バナナ的スローライフ

百銭新買緑蓑衣
不羨黄金帯十囲
枯柳坡頭風雨急
憑誰画我荷鋤帰

緑の蓑を百銭であつらえてみた

金の帯を巻くのは趣味じゃない

坂道で　枯れた柳が風にゆれ

激しい雨もふりだして　舞台は完璧

さあ　だれにたのんで
鋤_{すき}をかついだわたしを画にしてもらおうか

（陸游「蔬圃絶句七首　その二」）

　横なぐりの雨と枯れ柳とをバックに、百姓のいでたちで決める。これがアイルランドのさみしい海岸であれば、アラン編みセーターを着て漁具をあつかう漁師のようなかっこよさがすぐに思い浮かぶところ。さしずめこの詩はその手のダンディズムの農村版なのだろう。

　それにしてもかくも気品ある、伝統をふまえた構図のポートレイトを画家に描いてもらおうだなんて。しかもそんな自己演出のたくらみを、いけしゃあしゃあと詩にしてしまうなんて。まったく風流な俗人とはこのことである。

16. シンシア

梅村　呉偉業

枳籬茅舍掩蒼苔

乞竹分花手自栽

不好詣人貪客過

慣遅作答愛書来

閑窓聴雨攤詩巻

独樹看雲上嘯台

桑落酒香盧橘美

釣船斜繋草堂開

からたちの垣根をめぐらした茅葺の家は

青い苔におおわれていて

近所からいただいた竹や株分けした花を

思いのままに育てている

お出かけするよりお招きするのがたのしくて

筆まめじゃないくせに手紙をもらうのが好き

窓辺で雨を聴きながら　詩の本をめくるのや

樹上に雲を眺めながら　石の台にのぼるのも

桑落酒はほろりと辛く

金柑煮はとろりと甘い

釣舟をななめにつないだ水辺に

わたしの草堂の門はひらいている

（呉偉業「梅村」）

　子どものころ、こんな遊びが家で流行った。

　わたしが本をえらび、ぱっとひらいた箇所を読み上げる。それを母がリコーダーで曲に変える。

　これをくりかえすのである。

　そのころのわたしは漢字がほとんど読めなかったのに、大人の本ばかりをひらいていたような記憶がある。ルビをたよりに文字をたどると母がすぐさまリコーダーを吹く。その音を聴いてわたしは、じぶんの手にしている本をいよいよ深く理解したつもりになるのだった。

　ある嵐の夜、わたしは中国の詩を手にとった。大人の本で総ルビといえばやはり漢詩だ。

　母はわたしの読み上げる言葉をすいすいと順に吹き流していった。雲を巻きつけた山。影のうつろな木霊。風にめくれる鳥。散らばる花。静かな土。流れるような、とてもすみやかな音による翻訳。

　次はなあに、と母がたずねる。

　あわてて本をひらく。けれども早く音を耳にしたいがあまり、読むべきところがなかなか決まらない。

　矢も盾もたまらず、わたしは母の腕に、ぎゅう、と本を押しつけた。母はピアノの譜面台にその本をのせると、そばの

ランプをともして文字を照らした。そして着想を掘りおこすようにじっと天井をあおいだのち、おもむろな息づかいをあらわにして、降る花の中、水の上をすべる影をひっそりと音にしてみせた。

わたしは母の魔法にすっかり心を奪われてしまっていた。嵐のいきおいが弱まったのか、それまで電流の安定がいまひとつだった天井の照明がとつぜんあかるくかがやきだした。ランプの熱もあいまって室内がだんだんと温まり、空気もめぐりだしたようで、天井にぶらさがっていたモビールが頭上でむずむずうごめいたのがわかった。思わず見上げると、モビールは、ああもうがまんできない、といった調子でゆらりと大きく一回転した。

わたしたちは顔を見合わせて、同時に大笑いした。

呉偉業の山荘暮らしは植物の世話とともにはじまる。出不精で筆不精だけれど感じのよい作者、茶話のひとときや手紙のやりとりをたのしみ、雨の窓辺で本を読んだり、庭を散歩しては詩を吟じたり。香ばしい酒と甘く煮たくだもの。釣りは隠者のスタンダードなたしなみゆえ、もちろん舟もつないでおく。閑適とは大人のままごと、日常のすみずみにまでこまやかな慈しみの情を抱くことだ。

タイトルの「梅村」とは呉偉業の故郷太倉の西にあった山荘のことで、また彼の号でもある。呉偉業は明代から清代にかけての時代を生きたひとだ。

「桑落酒」は桑の葉の落ちるころに造る名酒。調べてみると杜甫の詩に「坐開桑落酒　来把菊花枝」という対句があった。あと石の台は、その上で詩を吟じるためにしつらえるもののようだ。

　それにしても、ながめているといくらでも俳句が湧き出すとてもおいしい詩である。これを訳していたほんの短いあいだだけでも、

　ヨーグルト醸すひとあり萱の秋
　便箋の香を枯らしてななかまど
　かささぎのこぼす涙をおつまみに
　鄙に来よかりがねの壺を引つ提げて
　月と酌むここがわたしのおうちなの
　ゆく秋のすべてなかつたことのやう

と、これだけの秋の句ができてしまった。しかも原詩の「愛書来」の字面がかわいすぎて困る。そうだ、この3文字を俳句の上五にするのってどうかしら。しょのくるをはす、と初句7音に仕立てるの。いつか機会があればやってみよう。

17. 煙草に寄せる恋

春前　孟今年
証文不知数
処処歩掛鳥
野郎風気時
行残知多少

借りの念書はかずしれず
あちらこちらで掛けを取る
風邪で寝こんで逃げられぬ
やつはどれだけいるんだろ

（もう来んねん「新春前夜」）

　漢詩のスタイルのひとつに、江戸の中ごろから盛んになっ
た狂詩というのがある。
　おもに滑稽や俗情にまつわるモチーフを漢詩に仕立てたも
ので、当時のインテリのあいだで認知されていた文人趣味が
その流行の背景となった。知的なセンスを競う遊びゆえ、押
韻<ruby>韻<rt>いん</rt></ruby>・平仄<ruby>仄<rt>ひょうそく</rt></ruby>などの漢詩のルールをきちんと守って書くのが建
前だ。
　借金をめぐる年の瀬の世相を描いた冒頭の詩は、天明期を

代表する文人である大田 蜀山人（しょくさんじん）『通詩選笑知』より。ちなみに「もう来んねん」は「もうすぐ来るよ」ではなく「もう来るな」の訛りらしい。また「春前」は大晦日かつ借金の年末決算日のことである。

『通詩選笑知』は『唐詩選』の五言絶句をすべてパロディにして注解までつけた本で、タイトルは千葉芸閣による『唐詩選』注釈書『唐詩選掌故』のもじりだ。冒頭のパロディ詩「新春前夜」の典拠は、一瞬でわかるひとが少なくないと予想されるけれど、そちらも訳してみる。

　　　　　　　　　　　　　　春暁　孟浩然
　　　　　　　　　　　　　春 眠 不 覚 暁
　　　　　　　　　　　　　処 処 聞 啼 鳥
　　　　　　　　　　　　　夜 来 風 雨 声
　　　　　　　　　　　　　花 落 知 多 少

　春のねむりは明けやらぬ
　あちらこちらで鳥が啼く
　そういや昨夜は雨だった
　どれだけ花は散ったやら
　　　　　　　　　　　　　　　　　（孟浩然（もうこうねん）「春暁」）

　それはそうと、わたしは蜀山人については狂詩より狂歌のほうがずっと好きだ。たとえば酒の歌なら、

夢想のうた
　屠蘇の酒曲水花見月見菊年わすれまでのみつゞけばや
　　　盃托銘　橋爪寛平の求に応ず
　さかづきをむかふ(ママ)の客へさしすせそいかな憂(うれひ)もわすらりる
れろ

　このあたり。俗にいうバカSFを読むようなたのしさがあ
る。「夢想のうた」はなんだか「日本全国酒飲み音頭」みた
い。「盃托銘」はまさに客観写生である。ついでなので漢詩
がらみの狂歌も。

　　　唐詩のことばにて朝がほの歌よめと人のいひければ
　知らず心たれをかうらむ朝がほはただるりこんのうるほへ
る露

　李白「怨情」の「美人珠簾(しゅれん)を捲き、深く坐して蛾眉(がび)を顰(ひそ)
む。ただ見る涙痕の湿うを、知らず心に誰をか恨む。」より。
朝顔の「瑠璃紺」を「涙痕」に掛け、女性のかなしみを高貴
な雰囲気でまとめているのだ。

　　　日本橋月
　二千里の海山かけて行く月もいでたつ足のにほむばしより

こちらは白居易「八月十五日夜、禁中に独り直し、月に対して元九を憶う」の一節「三五夜中新月の色 、二千里外故人の心。」より。日本橋には五街道の道路標識があり、名月を鑑賞するために中国まで追いかける旅路も、まずは日本橋からはじまるのだという意味の歌である。

　もうひとつ、漢詩とはまったく関係ないけれどお気に入りの歌を。

　　　　寄煙草恋（たばこによするこひ）
　埋火（うづみび）のしたにさはらで和らかにいひよらむ言（こと）の葉（は）たばこもがな

　まろやかで舌ざわりの良い煙草の味わいのごとく、愛の言葉は優しくささやきたいものだ、の意。「言の葉」に「葉たばこ」をずらして重ね、さらに句跨（くまたが）りにしたあたりにゆるんだムードがあり、4句目の「いひよらむ言の」といった5・3音型の字余りにもものうげなエロスがある。

　それから煙草と恋のかこつけ方がぴったりで、オモテとウラのどちらの意味で読んでもさりげないのもうれしい。「埋火のしたにさはらで」なんて露骨に性的なのに、詞書（ことばがき）のおかげで恋歌としての情感が少しも削がれていないし、古式ゆかしき「もがな」調も愛らしく、ほとほとハイセンスだ。

18. 空港で、休日の匂いを

　　　　　　　　　　　無題　夏目漱石

君 病 風 流 謝 俗 紛
吾 愚 牢 落 失 鴻 群
磨 甎 未 徹 古 人 句
嘔 血 始 看 才 子 文
陌 柳 映 衣 征 意 動
館 燈 照 鬢 客 愁 分
詩 成 投 筆 蹣 跚 起
此 去 西 天 多 白 雲

君は病気のせいで
風流にも世間を離れている
私は愚かさゆえに
むなしく友と離れてしまう

私が瓦を磨く調子で
書物の中をさまよっているときも
君は血を吐きながら
恐るべき文才を花ひらかせている

道の柳が衣に触れれば

旅への思いがうごきだすし
宴の灯が鬢を照らせば
別れの愁いがあらわになる

詩ができて
筆をおいて
私はよろりと立ち上がる
さあゆこう
西の空にも
きっと白い雲はあるのだ

（夏目漱石「無題」）

　空港で出発を待つあいだ、なんにもすることがないものだ
から、リュックサックの中からたっぷりの紙の束をひっぱり
だして、くんくん嗅いでいた。
　紙の束には小説が印刷されていて、どれも休日の匂いがす
る。このひとの書く小説は働いている描写にさえ休日の匂い
がして、上昇志向がぜんぜんなくて、おしゃれだ。
　休日の匂いのする小説を書くこのひとに直接会ったことが
ある。女性がかわいくて、男性がのんびりして、品の良い描
写が好きですと言ってみたら、このひとは
「いえ、実は18禁がどうのこうのという描写もあったりしま
す。すみません」

と、妙に申し訳なさそうにして、ほほえましかった。

　それから、このひとが夏目漱石を愛読しているというのでその話をした。夏目漱石って女性を書くのが上手ですよね。『草枕』のナミさんとか。『三四郎』のミネコもいい感じ。でもなんといっても一番チャーミングなのは『猫』のミケコです。背中の流線ぐあい。物憂げにちょいちょいとかたむける耳。春の日の縁側で、ちょん、と上品に控えつつ、満身の毛を風なきにむらむら微動させているようす。こういうのを読むと、漱石はじぶんの描く女性に恋しながら書いているんだろうなって気がします。

　そんなふうに言ってみる。するとこのひとはうんうんとうなずいて、実はわが家にもミケコくらい美しい猫がいるのです、とスマホをちゃかちゃかいじりだした。

　じっと横から覗いていると、スマホの画面にぱっと整った顔立ちの、たいそう色気のある猫があらわれる。

　目がものすごい。美猫だ。

　ふーん。小説の感じから、このひとはキュートでちょっと変わった子が好きなのかと思っていたけれど、実は美女好みだったのか。

　あ。そうじゃない。

　たぶん休日好みなのだ。だって休日というのはみんなをうきうきさせて、たまらなくキュートで、かつ美貌の高貴な香りもある。

漱石の漢詩はすっきりと煎じつめた思量の香、漢籍ならではのゆかしい濃淡、俳諧にあやかった軽みがまじりあい、目をみはるほど素敵だ。たぶん美術の好きなひとは、とりわけ読みやすく感じるのではないかと思う。

冒頭の「無題」はイギリス留学の直前、大志と惜別とのはざまにいる漱石が正岡子規を思いつつ書いたもの。ふだんは何を詠んでもそこはかとない余裕を感じさせるこのひとが、めずらしく等身大の「僕」を描いており、そのナイーヴなこと、さすがに近代の作品である。

「柳」は旅立つひとに柳の枝を手折って贈ったという昔の中国の風習をふまえている。また「西天」は西洋の空のこと。「白雲」については西洋文明を見上げる心境がひそんでいると言われるけれど、この語が漱石の漢詩において老荘思想を含意していることはよく知られた話である。たぶん大志と惜別みたいに、まったく異質な世界へのあこがれがぼんやりと重なりあっているのだろう。

アナウンスが流れだす。もうすぐ飛行機が出るらしい。搭乗ゲートがひらいたのを認めたわたしは、休日の匂いのするたっぷりの紙の束をリュックサックにしまった。

19. 古代から伝わる恋文

相思　王維

紅 豆 生 南 国

春 来 発 幾 枝

願 君 多 采 擷

此 物 最 相 思

紅豆がみなみの土地にあるという
この春はどれだけ枝に生るだろう
お願いだ君よたくさん摘んでくれ
その豆が僕への思慕となるように

（王維「相思」）

「ねえ、こんど結婚する知りあいにカードを送りたいんだけ
ど、メッセージに添えるのにぴったりな中国の恋愛詩ってあ
るかな？」

　こんな質問をたびたびされる。このあいだも同じことを聞
かれ、ひさしぶりに本をひっくりかえしてみた。が、これが
毎回びっくりするくらい、ちょうどよいのがぜんぜんない。
閨怨詩や艶詩だったらいくらでも見つかるのだけれど、そ
れではどうしようもない。それから『詩経』には一族の繁栄

をことほぐ結婚詩があるもののいずれも時代にそぐわず、また純愛詩のほうも女性が男性の従属物に見えそうで、お祝いとして手わたすにはいささかの不安がある。

　漢詩は恋をあつかわない、というのは表向きの漢詩の常識のひとつだ。漢詩は友情、和歌は恋、なんて言い方もする。もっとも読者の側からすれば、世間で恋と認められているものにだけ恋のおもむきを感じるわけではないし、ひとがひとを想う心というシンプルな地点に立ち返ってみれば、大陸の雄大な自然を背景に織りなされる漢詩のそれは、まさに桁ちがいの迫力である。

　また表向きの常識の裏にはエロティシズムをまっすぐに書くつわものも当然いないわけではなく、たとえば陶淵明「閑情賦」はかなり大胆だ。大長編なのでかいつまんで訳すと、

　もしも僕が服だったら

　襟となって

　君の華やかな首の香りを嗅ぎたいのだ

　……

　もしも僕が裳だったら

　帯となって

　あなたの細い腰を締めたいのだ

　……

　もしも僕が蒲だったら

　筵となって

あなたのいたいけな体に秋中敷かれたいのだ

……

もしも僕が糸だったら

履となって

あなたの素足にふれながら歩き回りたいのだ

……

もしも僕が昼だったら

影となって

あなたにいつなんどきも寄り添っていたいのだ

……

もしも僕が夜だったら

燭となって

あなたのすがたを柱のあいだから照らしたいのだ

と、あけすけな恋情がどこまでも綴られる。

　王維の「相思」もみずみずしい恋をあつかっているという点でかなりめずらしい詩だ。「紅豆」はあずきで相思子とも呼ばれ、また「相思」とは相手を想う心のこと。たまに中国雑貨のあずきのブレスレットにこの詩の一節が添えられているのにはこうした意味が隠されている。また今世紀に入ってからは紅豆グループという元下着メーカーの大企業が中国の七夕を「七夕紅豆・相思節」としてイベント化し、今ではそれが中国政府の協力のもと全土に浸透していたりも。

　それから、これはどこで読んだか忘れてしまったのだが、

19. 古代から伝わる恋文

実は紅豆の実がなる季節は春ではなく秋なのだそう。それで
しばしば辞典には「秋来発故枝」という別ヴァージョンも記
載されているのだけれど、王維の別の詩を読むにつけても、
「相思」には春が似つかわしいと思う。

　　　　　　　　　　　　　　　送沈子福之江東　王維
　　　　　　　　楊柳渡頭行客稀　罟師盪槳向臨圻
　　　　　　　　惟有相思似春色　江南江北送君帰

楊柳の渡し場に　旅の者はわずかしかいない
船頭は櫂を手に　おもむろに岸を離れてゆく
ひとをおもう心　ただそれだけがここにあり
春の色のように　やさしく川辺を包みこんで
帰ってゆく君に　どこまでも寄り添っている

　　　　　　　　　　　（王維「沈子福の江東にゆくを送る」）

　さらに書くと「相思」は王維が女性のために書いたもので
はなく、友人の音楽家の李亀年へのメッセージだったという
研究もあって、どうやらそれが真相のようである。
　友人へのメッセージがこんなにロマンティックだとは。飾
り気のないところがかえって典雅で、まるで古代から伝わる
恋文みたいだ──もっとも、のちの彼らを襲った運命の悲
劇、すなわち安禄山の乱を思うと、この典雅がさかしまにわ
たしの胸にかなしい響きを奏でもするのだけれど。

20. ひるねの作法

昼臥　厲鶚

妄心澡雪尽教空
長日関門一枕中
跂脚飛塵難我浼
支頤清夢許誰同
黒鶖燕子翻堦影
涼受槐花灑地風
慙愧夕陽如有意
醒来毎到小窓東

浮き世の思いを
さっぱりと洗い流して
日ざかりの門をとざし
ひとねむりする

つまさきにわたぼこりが立っても
まゆひとつうごかさずに
ほおづえをついて清らかな夢路を
ひとり愉しくたどっている

黒いものにはっとすると

石段にひるがえる燕の影だった

　ひんやりしたと思ったら

　槐の花を地面に散らす風だった

　ありがとう夕日よ

　すべてを察するかのように

　目ざめるといつも

　小窓の東を金色に染めてくれて

（厲鶚「ひるね」）

　ひるねのとき、香水をつかう。

　香水にはじぶんの香りにしたいものと、あくまでほかのひとの香りとして嗅ぎたいものとがある。じぶんの香りはパウダリーでこっくり甘いものがよく、ほかのひとのそれはスパイシーなものが好みだ。

　いろいろな香りを知りたくて、その手の会のようなものに入ってもいる。今までいろんな遊びに手を染めたけれど、たいへん悪いことをしているような気分になる遊びはこれがはじめてだ。

　一杯の水を飲み干し、ベッドに横たわる。窓をしめたばかりの部屋に、夏のはじめの雨の匂いがほんのりとわだかまっている。

　ガーゼの毛布をおなかに掛け、ひらいたかたちの文庫本を

みぞおちに伏せる。文庫本はあるひとからの贈り物だ。香水が
頁にしみこませてあり、たしか名前をダークブルーといった。
　目をつむり、そのダークブルーをじっと味わっていると、
香水の広告にぴったりのソネットがふと脳裏にひろがる。

　自然はひとつの神殿　そこでは生きた柱たちが
　ときおり得体の知れない言葉を洩らしている、
　人はそこを過ぎる　象徴の森をくぐって
　森は彼をみまもる　ねんごろなまなざしで。

　とおくからまじりあう長い谺のように、
　ひそやかで奥ぶかい合体のさなか、
　果てしない夜のように　また光のように、
　匂と色と音とが　おたがいを呼びあっている。

　さまざまな芳香がある、おさな子の肌のような、
　オーボエのように優しい、草原のように青々とした、
　腐った、豊かな、誇らかな、またほかにも——

　めくるめくかたちなきかたちの中で、
　琥珀、麝香、安息香、そして乳香のように、
　精神と感覚との熱いまじわりを謳っている。
　　　　　　　　（シャルル・ピエール・ボードレール「交感」）

20. ひるねの作法

La Nature est un temple où de vivants piliers
Laissent parfois sortir de confuses paroles;
L'homme y passe à travers des forêts de symboles
Qui l'observent avec des regards familiers.

Comme de longs échos qui de loin se confondent
Dans une ténébreuse et profonde unité,
Vaste comme la nuit et comme la clarté,
Les parfums, les couleurs et les sons se répondent.

Il est des parfums frais comme des chairs d'enfants,
Doux comme les hautbois, verts comme les prairies,
— Et d'autres, corrompus, riches et triomphants,

Ayant l'expansion des choses infinies,
Comme l'ambre, le musc, le benjoin et l'encens,
Qui chantent les transports de l'esprit et des sens.

(Correspondances, *Charles Pierre Baudelaire*)

　そのタイトルからして、この詩は肉の解放をことほいでい
るにちがいない──ベッドに横たわりながら、そっと原詩の
細部を思い返す。調香師の語彙を借用した 9 行目から 11 行
目は、レストランでメニューを見たとたんいきなりおなかが
すくときみたいにそわそわするし、ゴージャスな香水の定番

である腐敗、豊穣、凱歌のみつどもえも肉の風味豊かな愛そのもの。13行目の琥珀、麝香、乳香といったアラブ文化おなじみの香料に熱帯地方の安息香をあしらったところは、ボードレールのエキゾチックな趣味があけすけでなんだかほほえましい。

　思い返すたびにわからないこともある。たとえば l'ambre 琥珀（樹脂の化石）と l'ambre gris 龍涎香（鯨の結石）は別のものなのに、多くの訳で龍涎香となっているのはどうしてなのだろう、とか。ボードレールの身につけた香りだったのだろうか。この詩については書かれたとおりの香調がじぶん好みなのだけれど何か理由があるのかもしれない。

　ダークブルーのレシピはいかにも地中海の午睡にふさわしい組み立てになっていた。眠りに落ちつつある、かすかな重みを感じつつも宙吊りになっている状態ではじめに出会う香りは、インドのマラバル沿岸でとれるジンジャーとメキシコ高原のライムだ。ここからはるか遠い土地のスパイシーな香りに、荷を積んだ帆船をまぶたの裏にうごめかせてみたくなる。それがしばらくして、ゼラニウム、カルダモン、セージが煮つめたように薫ってくると、いきなり庭に舞台がうつり、夢見もどことなく親しくなつかしい。そしておしまいはやわらかなスエードの渋み、媚薬のパチュリーの苦み、ほのかな安息香といったとりどりの絡み合いが地中海にむかってふたたびゆっくりとひらけてゆく——まなうらにきらめきつ

つ点在する、ふくれっつらの帆の寛容よ。

　冒頭の詩はタイトルが「ひるね」とのんびりしているが、解説によると作者が会試に落第して郷里に帰ったときに書いたものらしい。作者の厲鶚は清の詩人である。
　頸聯(5、6句目)の「黒驚」「涼受」の表現にひそむ苦悩から、尾聯(7、8句目)の「夕陽」に託された慈悲への流れがわかりやすく、試験に落ちた作者のデリケートな心境が手にとるように伝わってくる。起承転結の距離感もちょうどよく、まるで詩のお手本のような作品だ。

　両手であごをささえて目をつむり、つまさきを少しうごかすと、机の下のほこりがふっと舞う清朝の一室といったシチュエーションも映画みたいなセンスがある。

　でももっと好きなのは「黒いものにはっとすると／石段にひるがえる燕の影だった」の部分。カメラワークが良い。室内にいる作者のまなうらにとつぜん黒い影が迫るというのだから、この「堦」は窓か軒あたりに架かった梯子段なのだろう──と想像するのだけれど、日本語の本では「堦」の訳が「梯子」ではなくどれも「石段」となっていた。ほんとうなのかしら。こういう部分のニュアンスは、その時代や地域の住まいを知らないとさっぱり見当がつかない。

21. 水のささやきを聞いた夜

無題　頼山陽

山色稍暝花尚明
綺羅人散各帰城
渓亭独有吟詩伴
共剪春灯聞水声
暮帰話旧歩遅遅
挿髻桜花白一枝
濃国相逢如昨日
記君衝雪訪吾時

山の色がいよいよ暮れ出した
まだ花の色はあかるいが
美しく着飾った花見の衆は
めいめい城へと帰ってゆく
私はといえば
この渓流の酒亭にのこり
君とともに詩を吟じていた
そして春の夕べに燭の芯を剪っては
一緒に水のささやきを聞いていた
日もとっぷりと暮れた帰り道は
昔話に花が咲き　遅々として歩が進まない

もとどり
　君が髻に挿した白い桜の枝をながめていると

　美濃の国ではじめて君と出逢った日のことが

　まるで昨日のようによみがえる

　降る雪をものともせず

　君が私を訪ねてきたあの日のことが

　　　　　　　　　　　　　　　　らいさんよう
　　　　　　　　　　　　　　　　〔頼山陽「無題」〕

　海をながめていたら、カンヌの空のほうから、サボテンの
かたちをした気球がふらふらただよってきた。
　気球というのは、丸出し、という形容がもってこいの存在
感をふりまいている。しかも、どこへむかっているのか、む
かっていないのか、あやふやなようすが愛おしい。
　じぶんが愛せるかどうかを差し引いてみても、気球は愛の
乗りものにちがいない。だって期待でふくらんだ胸みたいな
袋に、愉快なピクニックを連想させる籐のバスケットをくく
りつけて空へ舞い上がったかと思うと、もうそのあとは風ま
かせになるしかないのだから。
　気球や船といった乗りものが根源的にめざすのはそちらで
もあちらでもなく、いつだってたんに、ここではない場所、
だ。そしてこの、ここではない場所、の連続体は、いつしか
空や海ぜんたいを、どこにもない場所、のパッチワークへと
変貌させる。そもそも風船には、プネウマそのものがふわふ
わ浮いているような情緒があるけれど、気球はこのふわふわ

と夢見ごこちなフィギュールを利用して〈no-where にひそむ now-here〉といった究極の愛の時空をたゆみなく創造する道具なのかもしれない──などと空想していたら、気球はとっくにモナコの空のほうへと去ってしまっていた。

　あーあ。そう声に出して言い、リュックサックを担ぎなおす。そして晩ごはんの食材を買いにゆくため、ざっく、ざっく、と砂浜を歩きだした。

　そういえば、空や海に勝るとも劣らないくらい自由などこにもない場所は、この砂浜にも存在している。

　それは渚である。

　昔、ゆうぐれの海で遊んでいたとき、当時いつも一緒にいたひとが「渚とはすべての見えない光。わかりやすく言うと、波の先っぽと、砂浜の空気とのふれあう、かすかなあわいのことだよ」と教えてくれたのだ。

　だからひとは渚を知ることも、そこに佇むこともけっしてできないんだ、とそのひとは付け加えた。

　ざっく、ざっく。砂浜をすすむ。砂をふむリズムに和して、波がさぶんと寄せ返す。あかるい波のおしゃべりに、あのときの声を重ねながら、ふいに思う。その、佇むことのできない場所が、みんな大好き。その、たぶんここ、と祈ることでしか摑めないきらきらした場所が。

　頼山陽は江戸時代末期の思想家。江戸時代の漢詩人をひとりだけ語るとしたらまちがいなくこのひとで決まりだ。

21. 水のささやきを聞いた夜

　江戸時代末期は、50人を超える女弟子をもち、また彼女たちの本の出版もしていた清の詩人袁枚の直接的影響で、日本でも女性が漢詩を書くことを許す男性がちらほら出現しはじめた時代だった。頼山陽はそのうちのひとりで、江馬細香という才能を育てたことはよく知られている。

　冒頭の「無題」は、山陽が武景文ならびに細香を誘って嵐山へお花見に出かけた日のことを詠んで細香に贈った詩で、現在は『山陽頼先生真蹟詩巻　十篇』として岐阜県歴史資料館に保管されている。景文は山陽の親友で、ふたりの逢い引きの隠れ蓑として呼びだされたとおぼしい。

　この詩は少し変わっていて、韻目の異なるふたつの絶句がひとつの詩のようにつないで読めるよう仕立てられている。夜の水のささやき。髪にかざした白い花。あの雪の日の鮮烈な出会い。場面の組み立てもすみからすみまで半端じゃなく決まっていて、ああ、なんという手練れなのだろう。

　にもかかわらず、山陽の死後刊行された『頼山陽全書』には、この詩の前半部分のみ「武景文、細香と同じく嵐山に遊び、旗亭に宿す」と題され、ところどころ改稿されたものが収められてしまった。

　ちなみに現物の『詩巻』では、3句目「吟詩伴」の文字は「愛詩客」の上に訂正線を引いて、修正っぽく書き足されているようだ。まさかの見せ消ちテク。つまり3句目のオリジナル・ヴァージョンは「この渓流の酒亭で、私は詩人（君）を愛した」と、その夜に起こった出来事を語っていたのだ。

22. 言葉にならないさよなら

三月念三遊嵐山有憶　江馬細香

桜花万樹白分明

憶趁春風曽出城

十五年前同酔地

一渓猶作旧時声

いちめんの桜が

わたしの心をほんのりと照らせば

思い出すのは

春風を追って京の町を出たかつてのこと

十五年前も

同じように酔いしれたこの場所

谷川の水は

いまもあの日のささやきのままだ

（江馬細香「三月二十三日、嵐山に遊びて思う」）

西洋における絵画的イメージを語るとき、その起源として
よくとりあげられるものといえば、ヴェロニカの布より痕跡
説、ナルキッソスの泉より水鏡説、そして大プリニウス『博
物誌』より影説といった3つの話。

このうち影説はあまり耳にしないが、これは明日戦地にお
もむく恋人のすがたをここにとどめたいと願った女が、ラン
プの下で、その影の輪郭を壁に写しとった神話なのだそう。
恋人のすがたではなくその影を、というところがなんともい
えず痛ましい。

　それはそうと、これら3つの説に共通するのは絵画の起源
を「直接的にながめたモノを絵にすること」ではなく「媒介
物に映ったモノを絵にすること」とみなす、ちょっと驚いて
しまうような前提だ。つまり絵を描くとは外界の写生でも内
面の表出でもはたまたその折衷でもなく、そもそものはじめ
から「かりそめの表象を再表象すること」とはっきりかんが
えられていたのである。

　アルベルティはこのことを「ナルキッソスの技」とか「わ
たしの思慕する対象の映りこんだ像を技芸によって抱擁する
こと」などと言っている。

　痕跡、水鏡、影といったものは、かすれていたり、ゆらめ
いていたりと、モノを鮮明に再現しない。またよしんば鮮明
に再現したとしても、しょせんそれは像にすぎず、ほんもの
ではない。そこにとどまる表象はいつでも二重の意味でたま
ゆらの像なのだ。

　そんなたまゆらの像を技芸によって掬いとることが、すなわ
ち絵画的イメージの創出である、という昔のひとのかんがえる
イメージ論は絵画だけでなく言葉にも当てはまる。

　言語的イメージも、ここに存在しないものの〈遺影〉を書く

ことは言うに及ばず、ここに存在している〈写し世〉ないし
〈映し世〉を書くという意味で、つねに表象の表象のみを抱擁
するいとなみだ。

　愛するひとに別れを伝えそこね、あの日の思い出をとどめ
そこね、からっぽの胸をむなしくかかえる人生を、かろうじ
て言葉のもたらす幻をじっと見つめることで生きながらえて
いるひとびとは、いつの世も数知れない。

　江馬細香は江戸時代の詩人で画家。師の頼山陽から求婚さ
れたものの、父である江馬蘭斎が許さなかったため、山陽の
愛人のまま一生を独身で過ごした。
「三月二十三日、嵐山に遊びて思う」は山陽の「無題」と同
じ場所を細香が 15 年後に詠んだ作品である。
　ふたりは遠距離恋愛だった。詩の勉強や吟行のために美濃
に住む細香が京都に住む山陽のもとを訪れるのがつねだった
が、それ以外のふだんのやりとりは手紙のみで、実際に彼女
が上京した回数は、ふたりが出会ってから山陽が死ぬまでの
18 年のうち、たったの 7 回にすぎない。
　このあたりのいきさつはつれづれに綴るのは惜しく、そう
かといって腰をすえて書く余裕もないのだけれど、知ってし
まうとほとほとせつない。山陽と死に別れてから細香の生き
た 29 年という月日の長さもいたたまれなくなる。次に訳す
「唐崎の松下で山陽先生とお別れする」はふたりの今生の別
れとなった滋賀の唐崎での一首。

22. 言葉にならないさよなら

唐崎松下拝別山陽先生　江馬細香

儂立岸上君在船

船岸相望別愁牽

人影漸入湖煙小

罵殺帆腹飽風便

躊躇松下去不得

万頃碧波空渺然

二十年中七度別

未有此別尤難説

わたしは岸に立ち　あなたは船に乗り

船と岸とで見つめあって　別れを惜しんでいる

人影がしだいに

湖煙にかき消されつつ小さくなり

風を孕んだ帆がついに走り出したそのとき

わたしはあなたを罵(ののし)るかのように慟哭(どうこく)した

松の下をどうしても立ち去ることができない

碧く広がるさざなみがぼんやりと涙にかすむ

この二十年で七度お別れしたけれど

今日ほど言葉にならないさよならはなかった

　　　　（江馬細香「唐崎の松下で山陽先生とお別れする」）

23. るびふるあそび

秋声　余林塘

黄葉飂飂風瑟瑟

悲蟬咽咽雨淋淋

不知窓外梧桐上

攪砕愁人幾寸心

黄葉（おちば）　飂飂（かさかさ）と舞い、

秋風　瑟瑟（さわさわ）と鳴り、

蟬は　咽咽（じんじん）かなしそうで、

雨は　淋淋（しとしと）さびしそうで、

それらが　なんでまた窓の外の

梧桐（あおぎり）をいっぺんに見舞って

俺のせつない幾寸心（むねのうち）をかき乱すのか

（余林塘（よりんとう）「秋の声」）

　俳人の西原天気に〈てのひらにけむりのごとく 菫（ヴィオレッテ）〉という句からはじまる連作「るびふる」がある。

　おしまいのひと文字を漢字で締めたスタイルの俳句という

のはえてして気品があるものだ。この句もスカルラッティの
歌をしのばせる可憐さ。また「菫」を「けむり」に見立てた
発想はさながら粋なペン画のようで「ヴィオレッテ」という
音の甘味をそっと抑える効果もある。

　日本語とのたわむれにおいて、ルビはさまざまの効果をも
たらしてくれるギミックだ。たとえば北原白秋の、

　楮古聿嗅ぎて君待つ雪の夜は湯沸の湯気も静こころなし
　（チョコレート）　　　　　　　　（サモワル）

こうした作品のかもしだす快楽は、漢字とルビの織りなすシン
フォニーならでは。また先の「るびふる」に戻ると、

　　なかぞらに練り物支ふ囀りの穹窿
　　　　　　（バテ）（か）　　　（ドーム）

さえずりの中で、漆喰を塗る職人のすがた。「穹窿」に「ド
ーム」とルビをふり、文芸復興さながらの華やいだ春を演出
するペダントリーが、妙にかいがいしい。さらに「パテ」を
「練り物」としっかり直訳したせいで、ちくわ、はんぺん、
かまぼこが宙を乱れ飛んでいるような、ナンセンス風味も生
まれた。また、

　　手術してもらひに紫雲英田のまひる
　　（しりつ）　　　（げんげだ）

こちらは「手術」「紫雲英田」「まひる」と趣味のある景の組

み立て。にもかかわらず「しりつ」とルビをふることで、つげ義春的世界をあえて前景化させるいたずらよ。作中をゆく人物が片腕を押さえている白昼夢に襲われることしきりだ。

　冒頭の「秋の声」はルビをつかうとどんな感じになるかと思い試してみたもの。余林塘の経歴については何もわからない。柏木如亭『訳注聯珠詩格』をめくっていたらたまたまこの詩に目がとまったのだった。
　漢文を訳すとき、ふんだんに訓読みのルビをふるというのは、どうもこのへんの伝統のひとつらしい。ながめていると漢字とひらがなのせめぎあいがおもしろい。

　一天瑞気、万道祥光、仁風は軽淡蕩、化日は麗非常。千官の環佩、前後に分き、五衛の旌旗、両傍に列ぶ。金瓜執るもの、斧鉞擎つもの、双双対対。絳紗の燭、御炉の香、靄靄堂堂。

（『西遊記』第十二回・小野忍訳）

　どことなく語り芸っぽい。語り芸といえば、中国の古典文学では韻文のくだりが大道芸風に訳されてあることが多く、こちらもなかなか独特のしきたりだ。

　風が吹いてもよけられる
　雨が降っても濡れやせぬ
　雪でも霜でもこわくない

雷さまも聞こえない

雲はたなびき日に映えて

瑞気がいつも薫ってる

（『西遊記』第一回・小野忍訳）

同じように「るびふる」にも、つい朗々と吟じたくなるような句がある。

翻車魚のゆつくりよぎる恋愛

「ローマンス」の長音符が「まんばう」のほんわかした雰囲気にぴったり。長谷川四郎に通じるような、とぼけた味もある。

　ところでこの句、うわべは無季にみえるけれど、あるとき知人と話していたら「あれは有季定型ですよ。出典はブルーバード映画『南方の判事』で生駒雷遊が弁じた『春や春、春南方のローマンス』。つまりローマンスが春の隠し季語にあたります」と教えられた。生駒雷遊は徳川夢声とならぶ無声映画時代の人気弁士である。

　隠し季語にも驚いたが、さらに「ローマンス」の部分が活弁由来だったとは。活弁のフィールドは現代の韻文に大きな影響を与えているので、まめに渉猟すると思いがけない奇貨を見つけることができるかもしれない。

24. 文字の近傍

題秋江独釣図　王士禎
一蓑一笠一扁舟
一丈糸綸一寸鉤
一曲高歌一樽酒
一人独釣一江秋

蓑一つ
笠一枚
舟一葉。
糸一巻きに
鉤一本。
一曲を吟ずるに
酒一樽。
一人釣りする
一すじの川、
秋。

（王士禎「秋の川でひとり釣りをする図に題す」）

商店街の裏通りにあるショーウィンドウに、つぼみのかたちをした指輪が飾られていた。

幾重にも重なりあう花びらには、はぜる寸前のあやうい均衡があって、またそのあやうさがまるいつぼみの鳴るような勢いをよりきわだたせている。

　ショーウィンドウにはりついてそんな指輪のすがたをじっとながめていると、ふいにうしろから母が覗いてきて
「ああ。ほんとうに、蕾は雷をふくむのね」
と言った。

　わたしはふりかえる。母はわたしのてのひらに、そのふたつの文字を指で綴ってくれる。

　ふしぎだ。ふしぎだ。まるで世界の変身に立ち会っているみたい。
「ね。中国の文字って剝製みたいでしょう。死んでいるのに生きている。生ける屍。ひとつの存在としてとても完成されていると思わない？」
「――」

　それからしばらくのあいだ、わたしは生ける屍のすがたをたくみなフォルムとして実現した漢字のことばかりかんがえて毎日を過ごした。それはすなわち、ぼんやりとした〈現実としての生〉のさかしまにある、まごうことなき〈実現としての死〉と、その生き生きとした佇まいに対する興味だったのだと思う。

　とはいうものの、実のところわたしは、漢字がじぶんとまるでちがう存在様式を有することにただ魅了されていたにすぎなくもあった。生ける屍というコンセプトはじぶんじしんの憧れとするにはあまりにも完全無欠すぎたし、その全能性

にうろんなトリックを嗅ぎとってもいたのである。

　わたしは生きていることがとてもたのしく、うごめくもの
が大好きで、木のぼりをするような年頃にはすでに、生死は
ひとのありようを二分する合わせ鏡ではないとかんがえ、高
いところを流れる雲をながめながら、生とはけっして死にた
どりつくことのない、果てしなく終わりのない、どこまでい
っても死の近傍の世界なのだということをはっきりと確信し
ていた。

　ここに漢字がある。けれどもわたしはその完璧さの中に吸
いこまれたりしない。いや、もしかするとそれはどんな文字
に対しても言えることなのかもしれない。わたしは文字の世
界の近傍をダイナミックにドリフトしては、生きる。

　清の王士禎が書いた「秋の川でひとり釣りをする図に題
す」を読んだとき、あ、北園克衛、と思った。とても知的な
ミニマリズム。淡静の奥に深味があるというのとはまたちが
う、表面性を志向したモダンな筆致がおもしろい。
「一」という根源的かつ単純な字をもって遊んだこの形式の
詩は一字詩と呼ばれ、かなり古くからあるらしい。唐の詩人
たちの作品もいろいろと残っているようだ。次の作品は唐詩
ではなく、わたしが一字詩を知るきっかけとなった原詩とそ
の翻訳である。

　　　　　　　　　　　　　　十一字詩　何佩玉

24. 文字の近傍

　　　　　　　　　　　一花一柳一漁磯

　　　　　　　　　　　一抹斜陽一鳥飛

　　　　　　　　　　　一水一山中一寺

　　　　　　　　　　　一林黄葉一僧帰

　　花一つ柳一もと一つ浜
　　一きわ 赤き 夕焼に飛ぶ鳥一羽
　　　　（ママ）
　　川一すぢ一つ山のべ寺一つ
　　一むらもみぢ　僧一人帰りゆく見ゆ
　　　　　　　　　（何佩玉「十一字詩」那珂秀穂・訳）

　何佩玉も清の詩人で安徽省の知事何秉棠の三女。「黄昏」
というタイトルで呼ばれることもあるこの詩はあくまでゆっ
たりとしたおもむき、またそれでいて奇趣を好む才女ぶりが
魅力的である。

　そういえば加藤郁乎に〈一満月一韃靼の一楕円〉なる俳句が
あるけれど、前衛や風狂を好むこのひとのこと、あんがい一
字詩をふまえているような気がする。とりわけ「一満月一韃
靼」が辺塞詩そのまんまの情景であることからもなおさらそ
う思われる。

　そのまんまといえば、飯田龍太〈一月の川一月の谷の中〉も
山水詩さながら。こちらは一字詩となんの関係もなさそうだ
が、それでも作者の意図とは別に漢詩との比較においてたの
しむことができるだろう。

25. トランクルームの客

岐陽三首其二　元好問

百二関河草不横
十年戎馬暗秦京
岐陽西望無来信
隴水東流聞哭声
野蔓有情縈戦骨
残陽何意照空城
従誰細向蒼蒼問
争遣蚩尤作五兵

要害堅固と謳われた
関と河に
草一本生えていない

長年にわたる戦乱で
秦の都も
すっかり荒れ果てた

はるか西の岐陽(きよう)を望んでも
風の便りすらつかめぬまま
嘆き声のような音を立てて

隴水は東へとながれてゆく

野の蔓草は哀れむように
戦死した者たちの骨にからみつき
沈む夕陽はなにも語らず
からっぽの城の跡を照らしている

誰に託せば
蒼天の神に問い糾せるのだろう

なぜあなたは
蚩尤に武器をつくらせたのかと

（元好問「岐陽三首　その二」）

　フランスに暮らしていて、他人の過去にことさら興味をもつことはないけれど、あらためてかんがえてみるとこの国はかなりの移民国家である。

　昔、夫が学生だったころ世話になった教授はピノチェト政権から逃れてきたひとだった。また仲の良い男の子たちはイラン革命およびサイゴン陥落からの脱出組である。

　あるときは夫が所属していた研究室のメンバーを 10 人ほどわが家に招いて食事をしていて、たまたま出身はどこかという話題になった。するとそこにいた全員が移民一世ないし

二世あるいは外国人だったことがわかり、あ、ここはそういう国なのか、とふんわり汲みとった。

　わたしじしんの知りあいにも移民が尽きない。エジプト、アルジェリア、レバノン、ベネズエラ。いずれも政権の変わり目に脱出を余儀なくされている。

　武術のつながりで出会ったある男性は、大学で古代ギリシア語を教えていたチュニジア人で、やはり政権の変わり目に古典学科が廃止になり、さらに生活をままならなくする出来事をいくどか経験したのち国外へ出たのだという。道場にやってくるたび、入り口にくたびれた革靴をつつましやかに揃え、つまさきの薄くなった靴下で推手をおこなうすがたが印象的で、手とり足とりうごき方を教えていたら、あるとき男性の息子がわが夫のパリ時代の同僚であることが判明し、信じられない偶然だねえということでぐっと親しくなったのだった。

　ところで移民といえば、ついさいきん、わが家の物置に不法難民とおぼしき男性が棲んでいた。

　このアパルトマンは２階にトランクルームがあり、わが家もひと部屋を借りている。トランクルームは扉が２枚になっていて外扉と内扉のあいだには１畳ほどの空間がある。外扉には鍵をつけていない。理由はこの国で泥棒にあった経験がなく、またほかの住人も鍵をつけていないからだ。

　ある日トランクルームに雑誌をとりにゆくと、外扉と内扉のあいだの１畳の空間に、見たことのない小ぶりの絨毯が

くるりと丸めて壁に立てかけてあった。ムスリムが礼拝でつかうようなかたちの絨毯でよく見ると美しい。ただ恐ろしくよごれており、このままにしておくとトランクルームに虫が湧くのは確実だった。

わが家の物置を勝手に使用されては困る。しかもこんなよごれた絨毯を。そこで夫婦で話し合い、

「ここはわが家の物置です。勝手に私物を置いたら処分します」

と注意書きした貼紙をつくることにした。

それから1週間ほどして、そういえばまだ貼紙をつくっていないなあと思いつつトランクルームへゆくと、今度は絨毯のほかに、ビニール袋に入った食料があった。

ペットボトルの水とサンドウィッチが、ビニール袋からはみ出ている。今まさに食べていて、何かの用事でちょっと席を立った、といった臨場感を隠しきれていない。

「あのね、誰か住んでいるみたいだよ」

「ほんと？」

夫がわたしのことを心配するので、それからは少し気をつけながらトランクルームを利用するようにした。

さらに2、3日経ったころ、またトランクルームの外扉をあけると、今度は中年の男性がよごれた絨毯の上にビーチ用のエアーマットを置いて、しっかりと横たわっているところに出くわした。

「──何かとりに来たんでしょ。どうぞ」

こちらに気づいた男性は身体を起こし、エアーマットを絨毯ごと壁にひきよせて小さく屈んだ。わたしは１畳の空間をよこ歩きで移動し、内扉の鍵をあけて、旅行用カバンと旅行用湯沸かし器をとりだすと、ふたたび鍵をしめた。

　トランクルームを去るとき、男性に話しかけてみた。

「ここ、ひとの住める場所じゃないよ」

「うん。住んでない」

「そうなの？」

「うん。休んでるだけ」

　なるほど。休んでいるだけなのか。

　男性の体調が気にかかる。けれども未成年ではないので、行政の助けを借りれば強制送還になるかもしれない。この男性にとっては、祖国の大地よりこのトランクルームのほうがはるかに安全かもしれないのに。

　その後はとくに夫婦で話し合うこともなく、ごく自然とその男性が休みたいだけ休ませておくことになった。病気の兆候がないかぎりしばらくはこのままにしよう、何かしてほしければむこうから言ってくるだろう、と。とりあえずこの家の所有者である大家に連絡すると、こちらも、わかった、いちおう管理人には話を通しておくとの判断である。

　ただアパルトマンにはほかの住人もいる。誰かに見つかった場合はさまざまなパターンのリアクションがありうるし、そうである以上、彼じしんひとところに長くいるつもりはないとかんがえるのが妥当なのかもしれない。

果たして予想どおり、男性とはじめて顔を合わせてから
10日後、ようすを見にトランクルームへ行くと、荷物がす
っかりなくなっていた。よごれた絨毯も。どうやら男性は出
て行ったようだった。

「岐陽三首　その二」は1231年蒙古軍によって岐陽と長安
とが落とされたことを悼んだ詩だ。作者の元好問は金末期の
ひと。祖国滅亡後はモンゴルに仕官することなく、亡国の民
として、金の歴史編纂事業に全力を尽くした。
「関河」は関と河とで防衛ライン。多くの場合、函谷関およ
び黄河による要害のことを指す。「蚩尤」は中国古代の伝説
に登場する部族の酋長で、石や鉄を食べ、殺戮を好み、はじ
めて5種類の武器をつくった神としても知られる。
　そしてこの詩を読むたび「野蔓有情縈戦骨」の部分から、
時代はちがえど情景の類似をもって思い出すのが、加藤克巳
『宇宙塵』に収録されているこんな短歌だ。

　長雨によみがへるいかりいんぱあるのくさむら中の骨の累
積

26. 研ぎし日のまま胸にしまう

十三夜　原采蘋

蒼茫煙霧望難分
月下関山笛裏聞
吾有剪刀磨未試
為君一割雨余雲

したたかな蒼い霧のせいで
ここより先にいったい何があるのか
見定めることはできない
ただあなたの笛の音から
月に照らされた逢坂の関が
ほんのりと感じられるだけ
わたしの手には
研ぎ上げた鋏があって
まだ切れ味を試していないのだけれど
あなたのために
雨上がりのうるんだ雲を
ひとおもいに切り裂いてあげましょう

（原采蘋「十三夜」）

いま住んでいるアパルトマンは9階建てで、わたしはその6階に暮らしている。ここはこれまでのわが人生でいちばん高いところにある住まいだ。

　6階のベランダからながめると、空は果てしないようにもいきどまりのようにもみえる。遠くの空に何かのかたちが小さく流れているときなどは、その音のなさがふしぎだ。さらにふしぎなのは喧噪にあふれ返っているはずの道路から、気がつくと音が失せている瞬間。たぶん空をながめるとき、周囲の一切を断ち切れとじぶんに命じているのだろう。

　心ここにあらずをかたくなに実践すること。この世界をしなやかに受け流して、うわのそらでありつづけること。

＊

　アパルトマンの前に道路標識が立っている。毎日昼下がりになると、その道路標識にあたった太陽の光が上向きに跳ね返り、6階にあるこの部屋の窓ガラスを突き破って、天井に大きな虹をつくる。

　虹が立つと、いろいろなことを思い出す。思い出すとは過去がここに届くことだ。思いがけない絵葉書のように。

＊

　大きくなったら何になりたいの？
　大人は子どもによくこんな質問をする。
　わたしにも、なりたいものがあった。「なる」という言葉

の意味を「変身する」ことだと思っていた時分は大きな虹になりたかった。

虹は親しいわりに、たまにしか会うことがない。また会えたとしても、ものの5分で消えてしまう。当時のわたしは、虹と人間とのかかわりの核心が「出会う」ことではなく「見送る」ことにあるとうすうす勘づいていた。だがいまだ思考の言語をもたないためにその直感をうまく胸に刻むことができない。そんなわけでわたしはいつの日か巨大な虹になって、この世のことわりを当事者としてめいっぱい実感したいと願うようになったらしい。

小学校に入り、低学年向けの伝記を図書室で読むようになると、この世には多くの仕事があり、また何かになるとは職業を選ぶことなのだとわたしは理解するようになった。キリスト、ニュートン、モーツァルトといった超一流どころの変人たちの話を読みふけっていたそんなある日、ソクラテスについて書かれた伝記と出会った。

並の伝記と比べて、ソクラテスにはわくわくするような逸話が少ない。科学者や芸術家のように何か生み出すわけでもないし、子どもの目から見ると、ほんとうに地味な人生だ。

しかしわたしは「このひとは、今まで読んだどのひとよりも狂っている」と直感した。

どうして、どうして、としつこく周囲に聞きまわる奇妙な大人。なにより「かんがえ方をかんがえる」というコンセプトが孤高をきわめている。そしてさいごは毒をあおって死ん

でしまうのだ。わたしはソクラテスの伝記を丸一日かけて読み終えた。そうして、
「うーん、大きくなったら哲学者になるしかないかも」
とか
「だって、こういうひとになるしか、虹のことがわかるようにならないもの」
などとかんがえてみた。

＊

　阿部青鞋の俳句〈虹自身時間はありと思ひけり〉では、虹を主体としてこの世のことわりが語られている。この句の状態こそ、まさしく昔のわたしが憧れていたものだ。
　この虹は「時間はある」と思うやいなやこの世を去ってゆく。つかのまこの世にあらわれた虹にとって「時間がある」との認識は、とても短い虹の一生における辞世の悟りだったのだろうか。
　わたしが虹に感じていたのは、つまるところこの世のはかなさにすぎない。とはいえそのシンプルな認識を空に投影するとき、わたしは今でも小さなころと同じ気持ちになる。かつてとちがうのは、空をながめてかなしくなるとき、あたかも「もう一度わたしを見送りなさい」といったふうに、わたしのもとをふたたび虹が訪れてくれること。すなわち、じぶんじしんの涙の中に虹が立つしくみを発見したことくらいだ。

＊

　原采蘋は江戸末期の詩人。「女三界に家なし」と言われた時代、一生を男装・帯刀で過ごし、日本中を旅した女性である。

　采蘋が一流の文人になることは父・原古処の願いだった。ところが采蘋の生まれた秋月藩は女性がひとりで藩の外に出ることを禁じていたため、古処は采蘋をとなりの久留米藩にかたちだけの養子に出し「ほんものになるまで秋月藩に帰ってきてはならぬ」との餞の言葉を与えて、修行の旅におもむく采蘋を見送ったという。

「十三夜」は転句の鮮やかさがいい。知性をたくみに着流しつつ感情を自在に表現するさまにもほれぼれする。「剪刀」は鋏のこと。また「蒼茫煙霧」および「月下関山」のモチーフは李白「関山月」の冒頭、

　明月出天山　　あかるい月が天山にあらわれると
　蒼茫雲海間　　蒼くひろがる雲海があらわになる

と蟬丸〈これやこの行くも帰るも別れては知るも知らぬも逢坂の関〉で有名な歌枕「逢坂の関」とがおそらく掛けてあり、散文訳ではウラの意味となる和の典拠をとった。ちなみに「関山月」は笛の曲としてもよく知られている。

　試訳にあたっては、はじめ散文詩にするのは無理だと感

じ、次のような短歌に訳して長いあいだ放置していた。2首目「Frontier Moon」はオモテの典拠にあたる「関山月」の英語名をそのまま借用している。

　ぬばたまの霧蒼ざむる夜となり迷子のわけをほの語らひぬ
　Frontier Moon ながるるその笛の音の裏側の月のあかるさ
　切れ味をいまだ試さぬ鋭かな研ぎし日のまま胸に蔵ひて
　君がため乙女は裁たむひさかたの雨のをはりのあはれの雲を

＊

　雨の終わりの雲が切り裂かれ、その内側から水しぶきがあふれだす瞬間すがたをあらわす夜の虹は、いったいどんな妖しさなのだろう──。

＊

　マルグリット・ユルスナールは「生を愛するとき、人は過去を愛するのです。なぜならそれは人間の記憶の中で生きのびた現在なのですから」と語った。わたしがかつてのことを思い出しているあいだも、虹は静かに天井を渡り歩いていた。そしてしだいにあたりに溶けこみ、いつしかアパルトマンの室内はふたたび何もないただの余白へと戻った。

27. ひとりでいるときは

九月九日憶山東兄弟　王維
独 在 異 郷 為 異 客
毎 逢 佳 節 倍 思 親
遥 知 兄 弟 登 高 処
遍 挿 茱 萸 少 一 人

ひとり異郷に住みついて
よそ者の身となりながら
節句がめぐりくるごとに
家族のことをなつかしむ
きっといまごろ故郷では
みんなそろって山のぼり
茱萸を挿頭しているなかに
わたしひとりがいないのだ

　　　　（王維「九月九日、山東の兄弟をおもう」）

　天気のよい日はベランダのハーブポットがよく薫る。ベラ
ンダがよく薫るとつくりたくなるのは、なつかしい雰囲気の
ごはんだ。
　飲みものは、白ワインにローズマリー、ざくろ、レモン、

はちみつを漬けた透明のサングリア。透きとおってしまった血の色と、ぷかりと浮かぶざくろの実には、なかなかレトロな風合いがある。

　これに合わせる料理は、そうだ、香草のキッシュなんてどうだろう。とびきりかぐわしい野草というのは、どこかふるさとじみているものだ。

　塩こしょうした溶き卵に、クレームフレッシュを足してよくまぜる。うすく伸ばした生地をキッシュ皿に敷いた上へ、その卵とクレームフレッシュを流し入れ、ざくざく切った香草をたっぷり散らす。あとはキッシュ皿をふんわり覆う感じで、粉のコンテをまんべんなくふって焼くだけ。香草の種類をレモングラス、ミント、フェンネル、バジル、コリアンダー、マヨナラ、などと無造作かつ盛りだくさんにするのが、なつかしい雰囲気をかもしだす秘訣だ。

　あるいはもっと素朴な趣向を狙ってもよい。オーブンで焼いた、ただの皮つきじゃがいもとか。チャイブのヨーグルトソースを添え、飲みものはりんご酒を小ぶりのフルートグラスで。舌に触れたとたん、あぶくがはじけて潰えてしまう金色のしずく。喉ごしで量を確かめるたび、なんだかあやうく物足りないが、その物足りなさが遠い記憶をさぐるような気分をもたらすだろう。

　もっと前菜風にしたいときは、みじん切りのパセリとにんにくのすりおろしをまぜた、エスカルゴのバター焼きがいいかもしれない。エスカルゴには、なんとなく古き良き中世食

といったイメージがあるものだ。

　前菜といえば、いま住んでいる土地はぶどうの葉が手に入りやすいので、香草入りごはんをぶどうの葉で包み巻きにした一品もよくつくる。ドルマというのだそうだ。こまかく刻んだ玉葱、ミント、パセリ、ディルの葉を生の米とまぜあわせ、塩こしょうとオリーブ油でしっかり味つけする。これをさっとゆがいたぶどうの葉の上にのせ、ロールキャベツの要領で手際よく包んだあと、鍋の底にあまったぶどうの葉を敷きつめ、その葉の上へ隙き間ができないようにドルマをぴっちりとならべる。ならべ終えたら、レモン汁と水とオリーブ油とをひたひたになるくらいそそぎ、落し蓋をして米がやわらかくなるまで煮る。とてもかんたんで、鄙びた品がある。肉の入っていないドルマはいったん冷やしてからレモンやヨーグルトを添えて食べるのだけれど、ほどよい酸味のせいで葉っぱごと食べられる柿の葉寿司みたいだ。

　ああ。こんなことを書いていたらおなかがすいてきた。誰かとごはんが食べたいなあ。けれど今日はひとりぼっちだ。ほんとうはみんなと山へ遊びにゆく予定だったのに、やるべきことが生じてしまい、ひとり下界に残って働いているのである。

　ところでふだん「みんな今ごろどうしているのかしら」と心さみしくなったとき、決まって心の中で朗読をはじめてしまう詩があって、それが王維の「九月九日、山東の兄弟をおもう」だ。朗読といっても中国語でやるわけではない。この

詩については東洋文庫版『唐詩三百首』の目加田誠訳を少し変えて、じぶんのレベルにまで下げて日本語でうたうのがもっぱらだ。

この詩は、科挙の試験を受けるために親元を離れて長安に遊学した王維が、ひとりきりで重陽の節句を迎えた 17 歳のときに書いたもの。重陽の節句には高いところにのぼる習慣「登高」があり、また邪気を払うといわれる茱萸を髪に挿したりしたらしい。とくに好きなのがさいごの「茱萸を挿頭しているなかに／わたしひとりがいないのだ」の部分。朗読するたびにこの上なく新鮮で、かれこれ 20 年くらいうたっているのに、いまだに余裕ではっと胸を衝かれることができる。

ひと仕事終えたところで、軽い休憩をかねて、ひとりぶんのごはんをつくろうと椅子を立つ。今日はかんたんにすまそう。そう思いながら台所に入り、流し台の正面にある、木枠を塗り替えたばかりの窓を押しひらくと、アパルトマンの裏の林にコロニーをつくっているかささぎたちの声が、秋の日ざしもろとも、どっと流れこんできた。

28. 鳥のデッサン

鵲　絶海中津

月夜繞枝無可依

翩翩隻影只南飛

朝来偶向晴簷噪

此日行人帰未帰

月夜
ぐるりと枝を回ったあと
枝には止まらずに
片影となって
ひらひら南へ飛んでいった

翌朝
晴れ上がった軒先で
別のかささぎが
しきりにさえずっていた

今日こそ
旅人は還って来るのだろうか

（絶海 中津 「かささぎ」）

はじめに好きになった鳥は、ほんものの鳥ではなく、ジョン・ケージ『小鳥たちのために』という本。中学生だった。この美しい書名はオクタビオ・パス『弓と竪琴』の次の一節に由来している。

〈『荘子』が、道の体験とは一種の本質的または根源的な意識に立ち返ることであり、そこでは言語の相対的意味作用が無効である、と説明するとき、詩的な謎解きである言葉の遊びを用いている。私達の根源的な姿への回帰というこの体験は「小鳥を鳴かせずに鳥籠に入れる」ようなものだ、と『荘子』は語っている。ファン Fan は「鳥籠」と同時に「回帰」を意味する。ミン Ming は「鳴き声」と同時に「名」を意味する。従ってこの文章は次のような意味ももつ。「名が余計であるところに還る」、つまり沈黙に、自明の王国に還ること。名と事物が溶け合い一体となっているところ、つまり名づけることが存在することである王国、詩へと還ること〉（ジョン・ケージ『小鳥たちのために』青山マミ訳、青土社、傍点は出典ママ）

　小鳥をその名がもはや無用となる王国へと返す。すなわち詩のただ中へ。詩そのものの中へと舞い戻った小鳥のさえずりは、無というものの響きを秘めた、きっと耳では捉えられない静謐な光の美しさなのだろう。
　大人になった今では、ほんものの鳥を見にゆかない日はな

い。だいたいカモメ。ぜんぜん飽きない。ところが鳶（とび）をしている友だちの話によると、ニースではカモメは害鳥とみなされ、ときどき駆除されているらしい。

　カモメは保護種なので、巣をこわすのが禁じられている。ましてや殺すなどもってのほか。そこで鳶の出番になる。彼らは行政から依頼されたアパルトマンの屋根裏に入り、カモメの卵をさがしだす。そして卵が見つかれば、それに青い絵の具をぺたぺた塗る。これで仕事はおしまい。青い絵の具を塗られた卵はけっして孵化しない。どうしてかはわからないけれど。

　この話はずいぶん前に聞いた。さいきんでは卵の探索は鳶ではなくドローンの仕事になっている。見つけた卵には、どろどろしたゼリーを噴射するそうだ。

　こんなふうに、カモメがひとの生活圏で子育てをするようになったのはいつからなのかしら。前に住んでいたノルマンディーの砂浜には立派な崖があって、カモメはそこを団地にして子育てしていた。あの立地だと、まだ小さくほとんど空を飛べないころから、子どもたちを海で遊ばせられる。

　いっぽうニースの砂浜にはほとんど崖がない。そしてアパルトマンで子育てをするカモメの親は、ある程度の大きさにならないと子どもを砂浜へは連れてこない。大きな車道を渡るのが至難のわざなのだ。

　もっとも、ひとの目には自然に反しているだけに見えることが、カモメの目にはうってつけという場合だってありう

る。というのも、カモメの多く住むアパルトマンはニースの砂浜に面して防壁のようにどこまでもつづいていて、町はずれの丘から海を見下ろすと、ちょうど遠大な崖を築いているのがわかるからだ。

　もしかすると三次元空間を生きるカモメにとって、空からながめたときのアパルトマンのようすは、ひどく胸が高鳴るものなのかもしれない。

　そう信じてみる。信じることで、心をしゃんと整える。整えた心はいつでも、鳥の消えた鳥かごのように静かだ。

　「かささぎ」を書いた絶海中津は室町時代前期の禅僧で漢詩人。この詩もまた、鳥の行動の意味をひとの目線で想像しているけれど、これは古来、かささぎが吉報を知らせる鳥として中国で知られてきたことに拠っている。また冒頭の「月夜繞枝無可依　翩翩隻影只南飛」は曹操「短歌行」が下敷きになっている。

　　月明星稀　　月明るく星稀れにして
　　烏鵲南飛　　烏鵲南へ飛ぶ
　　繞樹三匝　　樹をめぐること三匝
　　何枝可依　　いずれの枝にかよるべき

（曹操「短歌行」）

29. 無音の叫び

原爆行　土屋竹雨

怪光一線下蒼旻　忽然地震天日昏

一刹那間陵谷変　城市台榭帰灰塵

此日死者三十万　生者被創悲且呻

死生茫茫不可識　妻求其夫児覓親

阿鼻叫喚動天地　陌頭血流屍横陳

殉難殞命非戦士　被害総是無辜民

広陵惨禍未曽有　胡軍更襲崎陽津

二都荒涼雞犬尽　壊墻墜瓦不見人

如是残虐天所怒　驕暴更過狼虎秦

君不聞啾啾鬼哭夜達旦　残郭雨暗飛青燐

ひとすじの奇怪な光が

秋の青空から降ってきたかとみるや

いきなり地に激震が走り　天が闇に覆われ

丘が　谷が　あっという間にそのすがたを一変し

街中も　高台も　ことごとく燃えつきて灰となった

この日の死者は三十万

命をつないだ者たちは傷を負い　悶え苦しむ

誰が生きていて　誰が死んでいるのか

果てしなく虚ろな光景からは窺い知ることもできない

妻は夫をさがしまわり　子は親をもとめさまよう
むごたらしい陰惨と混乱
にんげんの泣き叫ぶ声が天地にどよめき
道端には血まみれの死体がごろごろ転がっている
国難に殉じて死んだ彼らは兵隊ではない
癒えない傷を負ったのはみな罪のない民衆だ
だが広島をいまだかつてない悪夢に陥れたあと
さらに異国の軍は長崎の港を空爆した
二つの町は荒涼たる野と化し　鶏も犬も死に絶え
垣根は押し潰され　屋根瓦は崩れ落ち
いまや人の影すらない
この暴虐はかならずや神の怒りに触れるだろう
この残忍はかつての始皇帝をはるかに凌ぐのだ
君にはわからないのか
夜どおしせつせつとすすり泣くあの亡霊たちの声が
廃墟に暗い雨が打ちつけるなか青白い燐光のさまよう姿が
　　　　　　　　　　　　　（土屋竹雨「原爆行」）

　戦時状況における言葉の力、あるいはその無力については
さんざん語り尽くされていて、よほど気が利かないかぎり新
しいことなど言えないし、そもそも新しかったらなんなのか
といった話でもある。
　ラスキンの書いたとおり、わたしたちは言の真理と思想の

力を戦争において学んだ。戦争によって涵養し、平和によって浪費した。戦争によって教えられ、平和によって欺いた。戦争によって追いもとめ、平和によって裏切った。

　早い話、わたしたちは言葉の力を戦争の中に生みおとし、平和の中に死なせてきたのである。

　戦争の気運が前景化するときというのは、言葉に期待される役割が決まってパフォーマンス、すなわち効率へと一気に流れてゆく。この風向きをうまくかわしながら言葉をはぐくむのは少しもかんたんではない。ぱっと思いつく策は間テクスト性を至上命題として言葉を編むことくらいだ。誰もが気ままにうろつくことのでき、膨大なワープポイントのある迷宮的な言葉の砦は、イデオロギーの外に出る作法をひとびとに教え、また彼らを生き延びさせるだろう。

　言葉が知でありかつ権力であるのはほんとうだ。とはいえこれは言葉の本性のかなりの部分を抑圧して成り立つ真実でもある。もともと言葉はでたらめを好み、世界とのあいだの意味のつじつまにまるでこだわらない長い歴史をもつ。また文学はこれまで一度たりとも言葉の本隊だったためしはなく、いつでも遊撃のための別働隊の地位にあった。この遊撃隊はかんがえのおもむくままにうごくことで意味の固定化を挫き、ひとに抜け穴をこっそり示したり、そのひと宛のメッセージを思いがけない場所で拾わせたりする。

　今日における土屋竹雨「原爆行」のすごみは、もはや日本

29. 無音の叫び

人が漢詩を読めないことを逆手にとった地点にあらわれるだろう——と書くのはさすがに邪道かもしれない。ただこの詩を読み下せるひとはきっと稀で、けれどもながめさえすれば意味の像はぼんやりと浮かび、またそのとき胸を襲う無音の叫びは音読できた場合よりもはるかに強い。断るまでもなく、詩にはそういったエクリチュールのあり方があっていいのである。

　この詩は旧暦で書かれており「蒼旻」は秋の青空を指している。またさいごの「君不聞啾啾鬼哭夜達旦　残郭雨暗飛青燐」にあらわれる「君不聞」「啾啾」「鬼哭」「雨暗」などの表現は、杜甫「兵車行」のこれまたさいご「君は見たことがないのか、戦場では昔から白骨を埋葬するものもなく、新しい亡霊は恨み、古い亡霊は嘆き、空はくぐもり、雨はそぼふり、死んだ兵たちがしくしくと声を漏らして泣くのを」から借りている。

君不見青海頭	君見ずや　青海のほとり
古来白骨無人収	古来　白骨　人の収むるなく
新鬼煩冤旧鬼哭	新鬼は煩冤し　旧鬼は哭し
天陰雨湿声啾啾	天陰り　雨湿して　声啾啾たるを

（杜甫「兵車行」）

30. クールミントの味

白羽扇　白居易
盛夏不銷雪
終年無尽風
引秋生手裏
蔵月入懐中

消えぬ雪　なつのさかりも
尽きぬ風　ねてもさめても
てのうちに　秋をひきよせ
ふところに　月をしまひぬ

〔白居易「白羽扇」〕

　パリの5区に友堂書店という名の中国系出版社兼本屋があることを、その筋のひとはだいたい知っている。

　わたしもパリにいたころは週2、3回この本屋に通って武術にかんする資料をさがし、週末になると13区の今はなき動画ショップでマイナーなカンフー映画と怪しげな練功のヴィデオをあさるのが日常だった。

　冒頭に訳した「白羽扇」は藤原公任『和漢朗詠集』から。この詩を知ったのは小池純代による次のような翻案を読んだ

ことがきっかけだった。

　　なつくさの　かりそめの野に　消ゆるなき　雪ふるごとく
　　ひさかたの　そらの果たてに　尽くるなく　風ふくごとく
　　手のなかに　鳴らすつかのま　かそかなる　秋のごとしも
　　むねの火を　ほのとあふりて　ありあけの　月のごとしも
　わがはねあふぎ

　　　　　反歌
　なつくさのそらの果たてにかそかなる月のごとしもわが羽
扇
　　　　　（小池純代「梅雨の夜に詠める長歌ならびに反歌一首」）

　ゆるりと涼やか。さらには反歌のつくりが、長歌の各行から斜め抜きするといった離れ業ときている。
　ぜひ白居易の詩集を読んでみたい。そう思ったわたしはすぐに友堂書店へゆき、その辺にいた編集者兼店員の男性に原詩を見せて、この詩の入った白居易の詩集はありますかと尋ねてみた。するとちょっと調べてみないとわかりません、判明したら連絡しますのでメールアドレスを教えてくださいと男性が言う。それで家に帰って連絡を待っていたら、その日のうちに「ありました。ところで近いうちに友堂書店近くのカフェでお話でもしませんか」とのメールが届いた。
　そして週末、のこのこカフェへゆき、あらためて話をした

あとは、なぜか毎週決まった曜日に会うことになり、パリの中国世界を引き回され、彼の奥さんからは中国語を習い、なにゆえこんな展開になったのかと首をかしげつつも、学生時代、中国本土の太極拳大会で銅メダルを獲ったことがあるとか、オルセー大学の博士過程にいたころは宮本武蔵『五輪書』をつかって日本経済を研究していたとかいった男性の武術談義がおもしろかったこともあって、パリを離れるその日まで遊びに遊んだ。今はケベックに移住してしまったけれどあいかわらず元気そうにしている。

　なんの話だったか。そう、ゆるりと涼やかな扇だ。わけても秋のはじめの風が立つころに読む扇はひときわ胸に響く。

　移香の身にしむばかりちぎるとて扇の風の行方たづねむ
　　　　　　　　　　　　　　　　　　　　　　藤原定家
　手にならす夏の扇と思へどもただ秋風のすみかなりけり
　　　　　　　　　　　　　　　　　　　　　　藤原良経

　定家の歌は扇に残っていた恋人の香りもそっと旅立ってしまったよ、との趣向が秋に似つかわしい。逢瀬のこと以上に別れたのちの夢遊感に情趣が置かれているのも官能的だ。
　いっぽう良経には斬新な歌が多く、この歌や〈冬の夢のおどろきはつる曙に春のうつつのまづ見ゆるかな〉が個人的にはお気に入りである。「冬の夢」のほうは好きすぎて、プリ

ントゴッコをつかって紫のマーメイドに小さな金の文字でミニマルアートっぽくこの歌をよこ書きしたポストカードを刷り、結婚報告用のそれにしたこともあった。

　涼やかといえば、平家物語に引用され、また良経が〈木の下につもる落葉をかきつめて露あたたむる秋のさかづき〉と本歌どりした白居易「王十八の山に帰るを送り仙遊寺に寄題す」の対句も冴えている。

　　林間煖酒焼紅葉　　　林間に酒を煖めて紅葉を焼き
　　石上題詩掃緑苔　　　石上に詩を題して緑苔を掃く

　この「酒を煖める」という表現についてはかなり昔、泉鏡花自筆年譜の記述に「森林中に、奥入瀬川をさかのぼり、子の口、休み屋に宿り、秋田に行く。途中、湖風涼冷、薄荷の浜に酒を煮る」といったヴァリエーションがあることを大西巨人のエッセイで読んだことがある。

　白居易の「酒を煖めて紅葉を焼く」といった典雅で色鮮やかな感覚も良いが、鏡花の「湖風涼冷、薄荷の浜に酒を煮る」なる言いまわしの、文字どおりクールミントな味わいもなかなか。周囲を見まわしても、クールミントなうるおいをそなえた文章を書くひとなんてそうそういないことを思うと、よりいっそう稀なることのよろこびに包まれる。

31. 死と喪失のドラマ

暮春侍宴冷泉院池亭同賦花光水上浮抄　菅原文時

瑩日瑩風　高低千顆万顆之玉

染枝染浪　表裏一入再入之紅

誰謂水無心　濃艶臨兮波変色

誰謂花不語　軽漾激兮影動脣

日に磨かれ　風に磨かれ

高きに低きに　千も万も粒をならべた宝石のよう

枝を染めて　波を染めて

表に裏に　濃く淡く色をかさねた紅衣のよう

誰が言ったのだろう　水に心がないなんて

美しい花が映れば　波もまた色を変えるのに

誰が言ったのだろう　花は語らないなんて

さざなみが立てば　水面の影が脣を動かすのに

（菅原文時「暮春、宴のために冷泉院の池亭に侍り、

花の光が水上に浮かぶのを賦す」抄）

本書の李白「春日酔起言志」をめぐる文章で、〈久方のひか
りのどけき春の日にしづ心なく花の散るらむ〉を引いたとき、
わたしは花が無心であることのあわれに感じ入った。ところ
があとから気づいてみれば、これは花を「しづ心なき」も
の、つまり有心として捉えた歌だった。

　こういったうっかりはしょっちゅうある。で、ここから思
い出したのが白居易の、

　　落花不語空辞樹　　　落花語らずして、むなしく樹を辞し
　　流水無情自入池　　　流水情なくして、おのずから池に入る

といった対句。また次に連想したのが、この対句に異議を唱
えてみせた、菅原文時による冒頭の詩序だ。水面はしばしば
言及されるようでいて、そのありさまに思いを馳せた作品と
いうのは実は少なく、平安時代の文人で菅原道真の孫にあた
る文時の詩序は、その先駆とみなされている。

　ところで水面といえば、仮名文化を立ち上げるとともに、
時代を超えたその代表作までみずから創作してしまった才人
紀貫之も忘れられない。このひとはエクリチュールの内側に
パロールの幽霊を招き入れたとしか言いようのない魅力的な
字を書く男性でもあり、さらには彼じしんのプライヴェート
な死生観を〈水面のたわむれ〉において示そうとしたふしぎな
作家でもあった。

　貫之の〈水面のたわむれ〉とはどういったものか。それを端

的に説明するため、塚本邦雄による貫之評と、高山れおなに
よる神田龍身の著作紹介を引いてみる。

〈さくらばな散りぬる空のなごりには水無き空に波ぞたちける

　貫之が空中に視るのは単に「あつた花」ではなく「喪はれ
た花」の創る「天の漣」である。「なごり」とは「名残」で
あるより前に「餘波」と書かれる水の相であるが、この歌で
はさらに變貌して風の餘波である。心の底には咲き匂ふ櫻、
霞一重をおいて散り紛ふ花びら、そして意識の表面にはちり
ぢりにきらめく青海波、その心の中の景色と現實の晩春の
眺めは、作者の眼といふ鏡で隔てられかつ照らし合される〉
（塚本邦雄『王朝百首』、講談社文芸文庫）

〈神田は、表記の問題に入る前に『土佐日記』の主題を分析
しており、それが「言語の喩」としての水面（＝海）の上で繰
り広げられる、死と喪失のドラマであることをあきらかにし
ている。

《さてこう見てくると、『土佐日記』が、舞台を海というガ
ランとした空間にとったことの意味があらためて了解されて
くる。波の花が咲き、波の雪が降り、また鏡のごとき海面に
宇宙が映じていようとも、その海面の裏には何もなく、すべ
ては薄い面上での記号の戯れにすぎなかった。そして喪失感

の根底にあるものも同じく「死」「不在」であり、だからこ
そこの何もない世界から亡児追懐なり惟喬哀傷なりの多彩な
イリュージョンが出現し得たのである。》

　この神田の見通しは、旅の一行が京都の旧宅に帰り着き、
荒涼とした屋敷の中で、《池めいて窪まり、水つけるところ》
に対面するラストシーンで証明される。《自在にして放漫な
想像力を喚起せしめた海の旅が終り》を告げ、《涸れかかっ
た水溜りは、言葉の死、記号の死、そして想像力の死を意
味》しつつそこに現前するのだ。
　このような主題を持つ『土佐日記』における仮名表記を神
田は、《パロールがパロールとしてあるのではなく、それは
エクリチュールの世界にどっぷり身を浸すものが渇望したパ
ロールの世界》であり、《死へと退行していく心性がかろう
じてつかんだ事後的始原》であるとする〉（高山れおな「紀貫
之とおまけの古池　神田龍身『紀貫之』を読む、追記あり」、ブロ
グ『―俳句空間―豈 weekly』）

　貫之にとって水面とは言語の喩であり、彼がそこに投影し
てみせたのは、自分語り＝想像界に先立つ、言葉や記号＝象
徴界そのもののゆらめきだった。しかも彼は言葉や記号がお
のずから紡ぎ出すイマージュが「意識の表面にきらめく青海
波」にすぎず、その「海面の裏には何もなく、すべては薄い
面上での記号の戯れにすぎな」いという認識を有してもい

た。したがってなごりが「名残」であるより前に「余波」と
書かれる水の相だったことの無意味もまた、同じように認識
していたと見てさしつかえないだろう。〈影見れば波の底なる
ひさかたの空漕ぎわたるわれぞわびしき〉などと、近代的自
己の視点から自我の審級を虚構の方向に位置づけたかにみえ
る、当時にあってまったく明晰な想像美を詠んだこの変人
は、なおかつその虚構の自己すらも、櫓の描く水面のエクリ
チュールによってくりかえし見せ消ちにされたあげく反故と
なる世界を生きていたのである。

　ずいぶん話を引っぱってしまった。先に一部を引用した白
居易の詩をあらためて引こう。

過元家履信宅　白居易
鶏犬喪家分散後
林園失主寂寥時
落花不語空辞樹
流水無情自入池
風蕩䔬船初破漏
雨淋歌閣欲傾欹
前庭後院傷心事
唯是春風秋月知

　家を失った鶏や犬が
　どこかに散ったあと

31. 死と喪失のドラマ

君を喪った林庭が
さびしく残っている

散りいそぐ花はなにも語らず
樹の枝をうつろに離れ
流れる水はひとごとのように
淡々と池に注いでいる

あの日の屋形船は
風にゆれ　破れ　水びたしのすがたを晒し
歌い遊んだ高殿は
雨にうたれ　朽ち　かろうじて立っている

前庭　後院　どこを見ても
悲しみをそそらぬものはない
このありさまを知るのは
今やただ春の風と秋の月のみだ
　　　　　　（白居易「履信にあった元稹の家に立ち寄る」）

　元稹は 53 歳で死んだ。この詩はその 3 年後、63 歳の白
居易が元稹の旧宅を訪れたときの作である。

32. DJとしての漢詩人

梅花　王安石

白玉堂前一樹梅（蒋維翰「春女怨」）

為誰零落為誰開（厳惲「落花」）

唯有春風最相惜（楊巨源「折楊柳」）

一年一度一帰来（詹茂光妻「寄遠」）

白玉堂前　一本の梅は

誰のために枯れ　誰のために咲くのか

ただ春風ばかりが別れを惜しみ

年にいちどの帰還を待っている

（王安石「梅花」）

　過去の漢詩のフレーズを一行ごとにカットアップし、まったく新しい一篇の作品として再構築する手法を集句という。

　集句のはじめはかなり古く、晋の時代には存在していたことがわかっている。けれどもこの種の行為は、手法として確立されることでその意味するところがちがってくるものだ。

　そんなわけで、集句詩は宋の王安石にはじまる。

〈昔の人の詩に「風定まりて花猶お落つ」という句があり、

これに対句をつけられる者は誰もいないと思われていた。王安石は「鳥鳴きて山更に幽なり」の句を対に持って来た。「鳥鳴きて山更に幽なり」は、もともと、南朝宋の王籍の詩であり、本来は、

　　蟬噪林逾静　　蟬噪ぎて林逾いよ静かに

　　鳥鳴山更幽　　鳥鳴きて山更に幽なり

という対で、上下二句とも同じ境地を詠ったにすぎなかった。それが、

　　風定花猶落　　風定まりて花猶お落ち

　　鳥鳴山更幽　　鳥鳴きて山更に幽なり

となると、上の句は静中に動があり、下の句は動中に静があることになる。

　集句詩を作ったのは王安石がはじまりで、長いものは百韻にも達する。どれも前人の句の寄せ集めだが、意味の上からも対句の上からも、しばしば原作よりずっとぴったりしたものになっている。その後、少しずつ真似をして作る人がでて来ている〉（沈括『夢溪筆談 2』梅原郁訳、東洋文庫）

　こうして王安石より以前においてはただの本歌どり、あるいは剽窃にすぎなかった集句が、サンプリングという発想が生まれるとともに、過去の詩的遺産を元の文脈から引きはがし、純然たるブリコラージュの具としてとりあつかうといった手法として花ひらいた。

　宋代の江西詩派が提唱した詩文の創作法に「奪胎換骨」と

いうのがあるけれど、集句詩はあらたな間テクスト性の創出という意味で、昔の作品に今の発想や技術を加えてつくり直す方法のひとつとして捉えることもできる。

　内容にふさわしい詩句を書庫からさがしだし、起承転結をかんがえ、詩としての体裁をととのえるといった一連の作業はDJ気質のある技巧派にはたまらない悦楽だろう。古きものに対する敬意というのは、少ししくじるとかんたんに権威主義的な方向にずれてしまうけれど、そんなときにもヘルメスのような身のこなしでさっそうと集句しながら書く詩人がそこにいるだけで、古典の塔の風通しがよくなるのもうれしい。

　もうひとつ、こんな集句詩を引いてみる。

無題　小池純代
山中明月夜（藤原 宇合「遊吉野川」より）
門掩世人稀（良岑 安世「暇日閑居」より）
斜雁凌雲響（石上乙麻呂「飄寓南荒贈在京故友」より）
風涼琴益微（中臣 大島「山斎」より）

山中　月のあかるい夜
門は鎖され　訪れる人はめったにない
連なる雁は　雲をつらぬいて鳴きわたり
風は涼しく　琴はますますひそやかだ

（小池純代「無題」）

32. DJ としての漢詩人

　小池純代は歌人。『梅園』所収のこの漢詩をはじめて読んだときは、その手法と典拠のおしゃれさに感動したが、当時はこれがよもや古典的手法だとは想像だにしていなかった。ちなみにこの漢詩には本人による次のような翻案短歌も存在する。

　おさみしいところですのねさみしさをくまなく月がてらしだしてる

　さみしさが逃げ出さぬやう鎖せる門あなたはここを開けてはならぬ

　雁がねのはがねするどく雲を貫きほらあしもとにつぎつぎささる

　琴のねの風を逸るるもそこはそれすずしさこそが風のともだち　　　　　　　　　　　　　　　　　小池純代「Untitled」

　冗談なのか本気なのかわからないタチの軽やかさ。超スプラッターな3首目と、すました顔で風に身をまかせてみせる4首目との落差が、そうやすやすと本心を読ませない美女のようで、ふっと恋してしまいそうだ。

33. 月のかがやく夜に

二月十一日崇国寺踏月　袁宏道

寒色浸精藍　光明見題額
踏月遍九衢　無此一方白
山僧尽掩扉　避月如避客
空階写虬枝　格老健如石
霜吹透体寒　酒不暖胸膈
一身加数氈　天街断行跡
雖有伝栃人　見慣少憐惜
惜哉清冷光　長夜照沙磧

そのつめたい光は伽藍を濡らし
扁額の題字をくっきりと浮かびあがらせていた
月影をふんで　都をくまなく歩いてみたが
この寺の一角ほど月のあかるい場所はなかった
それなのに寺の坊主はことごとく門をとざし
まるで俗客を避けるみたいに月を避けている
からっぽの石段には虬のごとくうねった枝が
昔の筆づかいじみた立派な影を落としている
あたりは霜　寒さが身にしみる
酒でも体の芯があたたまらない
なんまいも毛布をかさねて包まっているうちに

大通りからはすっかり人気が消えた
拍子木を打つ夜回りがいるにはいるが
見慣れているのか月に感じ入るようすはない
ああ　もったいない
こんなにも冷たく清らかな光が
一晩中　砂原を照らしているだけだなんて
　　　　　　　（袁宏道「二月十一日、崇国寺で月をふむ」）

　釜ヶ崎のドヤ街に足をふみいれると、いつもすぐさま知らないおっちゃんが寄ってくる。そしてにっこりしながら、
「はじめましてお嬢さん。ホルモン丼でも食べへん？」
と言って、おいしいホルモン丼とビールを奢ってくれる。
　おっちゃんたちの話はそれなりに興味ぶかい。とくに喧嘩にかんしては、へえ、と思うエピソードばかりだ。釜ヶ崎には若かりしころボクシングをたしなんでいたおっちゃんがわんさかいる。そして見かけはよれよれなのに、いったん立ち上がるやいなや、自転車の乗り方をけっして忘れないのと同じ原理なのか、なんだかそれっぽいステップをふんでみせてくれるのだ。
　あるときパリの裏通りで、そんなおっちゃんのステップの記憶が鮮やかによみがえったことがある。
　それはわたしが生まれてはじめてストリートファイティングに挑んだ日でもあった。

忘れもしない、英国のホンコン・シネマジックが出している カンフー映画でも観ようかと、カルティエ・ラタンの下り 坂を歩いて近所のレンタルショップにむかっていたときのこ と。そのショップまであと 100 メートルもないという場所 で、とつぜん痴漢に襲われた。

　わっと驚いてすぐその場から逃げようとしたが、襲ってく るくらいだからそうかんたんにはゆかない。そのあいだも痴 漢がどんどん押さえこんでくるので、ああ、助かるには暴力 で対抗するしかないと悟ったものの、ここでゆゆしき問題に ぶちあたった。

　その痴漢は、いつもこの道路で寝ているホームレスだった のだ。

　このひと医療保険に加入しているのかしら？　いや、かん がえてみるまでもなくしていないだろう。ということは、ほ んの軽い怪我でも一生の傷になるかもしれず、つまりここは 慎重に、相手を怪我させないよう倒さなければならないの だ。どうしよう。そんなのできるわけない。まだいっぺんも 戦ったことないのに。

　だが反撃するよりほかに助かる方法はない。わたしは息を ひきつらせながら、ゆっくりと男性を道路に転がそうとし た。

　するとその一瞬、男性はひらりと身をひるがえし、華麗な フットワークでステップをふみはじめたのである。

　男性の顔は紅潮し、瞳が燃えるようにかがやいている。

150

お！　おまえ、まさか戦えるのか！　ちょっと一戦やるか！
といった狂喜の声が聞こえてくるようだ。

　なんという展開。

　男性は次の攻撃を待って、やる気いっぱいのステップをふ
みつづけている。

　結局わたしは、そのホームレスの男性からみぞおちに2発
の突きを食らった。けれども男性の欲望の風向きを変えるこ
とには図らずも成功したようで、かろうじてその場を逃げ出
したのだった。

　明末を生きた袁宏道の「二月十一日、崇国寺で月をふむ」
は、自由な思いのたけと自然な言葉づかいとを重んじる性霊
説を唱えていたひとの詩だからか目に見えてソウルフルだ。
さいごの「砂原」という表現は、北京の古刹崇国寺（現在の
護国寺）一帯が砂地だったことから来ている。

　それにしても2月の北京はとてつもなく寒そう。この詩を
読むとそのたびに、夜遊びの帰りの身を切るような凍てつき
の中、人影の絶えたポン・ヌフ橋で見上げたパリの満月や、
歳末の釜ヶ崎でおっちゃんのために道路に布団を敷いたあ
と、寝とまり用に借りていたドヤの窓からながめた寒月をあ
りありと思い出す。

34. 歌う水晶

長安有男児	長安の都に男の子ありにけり
二十心已朽	はやも朽ちたる二十歳の心
楞伽堆案前	机には涅槃の経のうづたかく
楚辞繋肘後	いつでも楚辞は肌身離さぬ
人生有窮拙	人生をややこしくする三叉路か
日暮聊飲酒	日も暮れ方の酒をいささか
祗今道已塞	どの道をゆけど塞がる音のして
何必須白首	白髪となるを待つまでもなし
凄凄陳述聖	わかものは才を抱きて愁ひ顔
披褐鉏俎豆	襤褸をまとひて礼楽を為す
学為堯舜文	古き詩が骨の髄から大好きで
時人責衰偶	今の流行りは浮かれた麗句
柴門車轍凍	ひつそりと轍凍てつく門の前
日下楡影瘦	楡の影絵もいよいよ痩せて
黄昏訪我来	黄昏に僕を訪ねてくれたひと
苦節青陽皺	若き額に苦節の皺が
太華五千仞	千尋をはるかに越ゆる太華山
劈地抽森秀	ディオニソス的香のおごそかに
旁苦無寸尋	脱俗の気を山肌は身にまとひ
一上夏牛斗	彦星までものぼりつめたり
公卿縦不憐	世の中にもつと騒いでほしいかも

寧能鎖吾口	僕のみが知るただならぬ詩を
李生師太華	太華山さう君のこと呼んでみる
大坐看白昼	あぐらで天を仰ぎしごとく
逢霜作樸樕	霜に逢ふ樹々は小さく縮こまり
得気為春柳	春の柳はゆらゆら揺れて
礼節乃相去	礼節の固き誓ひはどこへやら
顚頷如芻狗	藁の犬にも劣るいでたち
風雪直斎壇	風雪の夜の祭壇に宿直して
墨組貫銅綬	腰に佩びたる銅印墨綬
臣妾気態間	官吏みな腰を屈めておづおづと
唯欲承箕箒	掃除の役を給はらむとす
天眼何時開	蒼天の眼がひらくはいつの日か
古剣庸一吼	古き剣はいつ吼えるのか

（李賀「贈陳商（陳 商 に贈る）」）

改札を出ると、つめたいものが食べたくなった。

時計を見る。11時50分。待ち合わせまであと10分。売店でアイスを買う余裕はあるけれど、もしかすると相手も早く着くかもしれない。舐めかけのバーを手にはじめましてのあいさつをするのは、狙ったようで恥ずかしい。

5分後、はじめましてとあいさつをかわし、ふたつの美術展をはしごして、遅いごはんを食べる。それから、ホテルの部屋にそのひとを招いてゆっくりとお茶を飲む。夜がおとず

れ、そのひとが帰り、シャワーを浴びてパジャマに着がえて
も、改札を出たところの暑さとアイスを欲しがった喉の乾き
を身体は忘れていなかった。

　本棚に飾ったレムリアン水晶のオールド・ストック。その
ひとがくれた。アイスバーそっくりで、打つと綺麗な音が出
る。それがまたひんやりしているものだから、本を出し入れ
するとき、ふいに喉の渇きを思い出したり、アイスが食べた
くなったりする。
　……このレムリアンはレーザータイプといって、爪で軽く
叩くと高い音がします。 歌う水晶 と呼ばれるゆえんです。
柱面についたバーコード状のすじは、レムリアン・リッジと
いってこの石の特徴です。またこれは採掘されたときのすが
たで、まったく磨いていません。こうしたタイプのレムリア
ンは、昔は山のように出たのですが、今ではとんとなくなり
ました……。
　声を思い出しながら、李賀の詩集をとり出す。西からやっ
てきたのに、曇りのない標準語を話した。おしゃべりがじょ
うずで、ふたつ、みっつと、怪談までやった。でも怪談より
もっとじょうずなのが石の話だった。
　……このレムリアン・シードには小さな傷がありますが、
採掘時の傷ではなく、晶洞の中で折れたときに、すでに傷つ
いていたものでしょう。折れているおしりの部分は、手でさ
わるとすでに再結晶、自己再生しているのがわかるので、数

千年から数万年前に折れたのだと言えます……。

　……なるほど。そんな昔なのですね。

　……ええ。この大きさの水晶ですと、ざっと1万年くらい。ここまで育ったあと、晶洞内で折れて、おしりが自己再生（セルフフィールド）して、そこから何万年経ったか、何億年経ったかは誰にもわかりません……。

　そう言うと、そのひとはグリーン・ティーを飲みほした。窓の外では、音もなく、月がのぼっていた。歌う水晶（シンギングクリスタル）、か。なんだか、タルホの小説にまぎれこんだみたいだ。

　中唐を生きた李賀の詩集。ぱらぱらめくると、まるで石のカタログのように宇宙的な詩がならんでいて、なるほど「鬼才」とはこういうものか、とうなずける。

　友人の陳商を讃えるために書かれた長編詩「陳商に贈る」は、人生における絶望をこの上なく誇り高い筆致で描いたもの。美意識が自己再生（セルフフィールド）されていない状態の、作者の傷つきやすい心にじかに触れるおもしろさがある。

　李賀の詩は感情のゆらぎが大きいので、訳すときは5・7・5と7・7とを連想でつないでゆく連句の形式を借りると、意味の流れが不自然にならない。ひらめきに重きを置いた作品は、連句的インプロヴィゼーションとおおかた相性がよい、というのが個人的な印象だ。

35. 今は遊びより本がたのしい

偶然作　袁枚

平生多嗜欲　所憎惟樗蒲

酒味与糸竹　勉強相支吾

其余玩好類　目撃心已慕

忽忽四十年　味尽返吾素

惟茲文字業　兀兀尚朝暮

晨起望書堂　身如渇猊赴

高歌古人作　心覚蛾眉妬

自問子胡然　不能言其故

私は昔からあれこれと嗜んでみたいたちで

ただ賭け事のみが嫌いだった

酒の味や音楽もしいては好まなかったが

それ以外の道楽だったら

ひとめ見るやいなやなんにでも夢中になったものだ

ところが四十になると

遊び尽くしてやっと本来の自分に還ってきたかのように

本を読むことが急におもしろくなり

毎日こつこつと読書にばかり明け暮れるようになった

朝、目をさますともう書斎に行きたくなり

喉の渇いた猫みたいにぱっと駆けこむ

昔のひとの書いた詩を気分よく歌い

書斎の外で愛する女が怒っているのを察しながら

どうしても本と離れることができない

自分でもそんなばかなことがあるかと思うが

こうなってしまった理由がさっぱりわからないでいる

（袁枚「たまたまできた詩」）

　何も言葉を書かない時間がとても長かった。書くことがな
かったし、書きたいとも思わなかった。ペンを持つのは、嘘
でなく役所に行ったときだけ。

　何も読まない時間はさらに長かった。日々の暮らしは言葉
よりずっと海に近く、わたしは乾燥した石畳を飽きもせずに
下っては、砂浜にならんだ2、3のテーブルに竹の日覆いを
かけただけの喫茶店で日がな海をながめていた。

　何も読まない時間が10年を過ぎたころ、たまたま短い詩
に出会った。そして思わず読んでしまった。その詩はあまり
に短すぎたのだ。わたしはうろたえ、書きたくないと苦しみ
つつ、その感想を書いた。なぜ苦しんでまで感想を書いたの
かといえば、読書から遠のいていた時間があまりに長すぎた
せいで、作品とは作者に黙ってこっそり読んでも失礼にあた
らない、ということをすっかり忘れていたからだった。

　だがこのことがきっかけとなって、わたしは言葉とかかわ
ることを思い出した。

さいきん、わたしの書いたものを読んで感想をくれたひとがいる。わたしがお礼を言うとそのひとは
「でも僕、じぶんの感想はあなたの言葉に敗れるといいなって思いながら書いたんですよ」
と言った。
　わたしの書いたものとそのひとの感想は、もちろん競い合うためのものではない。そのひともそれをわかった上で敗れたいと言っているようだ。わたしはたずねる。
「つまり、あなたにとって感想というのは恋のようなものですか。相手を征服したい気持ちと、相手に指一本すら届かない気持ちとの両方を味わいたい、という」
「そうです。感想は権力ですから。僕はそれを自覚していかなければならないと思っています。もう 10 年以上」
「……」
「だから僕、日々、だいそれたことをしているなあって。できたら次の人生は、感想をいっこも書かない人生にしたい」
　何も書きたくないというのは少しも複雑な感情ではない。それは触れることで対象をこわしたくないということだ。また何かを書きたいという感情もいたって単純で、それは敗れることで対象への想いを昇華したいということである。相手に与えた疵と自己の負った疵とを相互貫入的、かつ想像的な親密性として、胸に抱きつづけること。それが書く欲望のはじまりであり、わたしはその甘いメランコリーを嫌ったからこそ書くことも読むこともやめたのだった（なぜなら読むと

き、ひとはすでに書いている）。

　もしもあの日たまたま俳句を読んでしまうことがなかったら〈読むこと／書くこと〉とは疵をめぐる作業などではなく、たんに、なんとなく、はずみで、うっかり〈読んで／書いて〉しまう出来事にすぎず、つまり何も〈読まない／書かない〉のと大差ないということに、ずっと気づかなかったかもしれない。

　漢詩には「たまたまできた詩」といったお約束のタイトルがある。なんてキュートなのだろう。全世界の詩のタイトルが、これになってもいいくらいだ。

　袁枚は清の詩人。若くして科挙に受かり、38歳ではやばやと引っこみ、そのあとは「随園」と名づけたとても大きな庭つきの邸宅であれこれの遊びにいそしんだ。食通としても名高く、中華各地の食材や料理法についてくわしく記したレシピ集に『随園食単』がある。

　と、こう書くととびきりの文化人っぽいけれど、アーサー・ウェイリー『袁枚　十八世紀中国の詩人』によれば、どちらかというと同時代の流行を誰よりも知るようなたぐいのひとだったそうで、袁枚本人も「実は70歳まで『白氏文集』を読んだことがなかった」と告白している。これ、なかなかチャーミングな告白だと思う。

36. 虹の脊柱

瘞梓人詩　袁枚

生理各有報　誰謂事偶然

汝為余作室　余為汝作棺

瘞汝於園側　始覚於我安

本汝所営造　使汝仍往還

清風飄汝魄　野麦供汝餐

勝汝有孫子　遠送郊外寒

永永作神衛　陰風勿愁歎

人生には

誰しもめぐりあわせというものがあり

それはきっと偶然ではない

だから君が私の家をつくり

私が君の棺をつくることも

またひとつの運命だったのだ

この家の庭に君を埋葬し

ほっと一息ついて私はおもう

ここはもともと君のつくった場所

こうして住みつづけたほうが

君も行き来が楽だろう

君のたましいが清らかな風にひるがえり

野麦の束が君への供物として捧げられる

それはたとえば君に子や孫がいて

町はずれの寒い墓地に埋められたりするよりも

ずっとすてきなことだ

だから君よ

どうか守り神でいてくれ

いつまでもこの場所が

不運な風向きに愁うことのないように

（袁枚「棟梁を埋葬する詩」）

　某月某日。人生のめぐりあわせといえば、じぶんにとって俳句とのつきあいがそうである。

　わたしにとって俳句を書くとは、すがたかたちなく、ただ光と影と物音として現前するこの世界をそぞろに歩きまわる中、思いがけずして言葉を拾うのに似ている。

　世界の真のすがたとしての〈光と音との感触〉はつねに言葉の手前にあって、わたしの感性や悟性と共振している。そしてわたしはこの共振に憑かれてふいにうごめきだす舌を、意味づけられた構造であるところのフェノ・テクストではなく、生成作用としてのジェノ・テクストそのままのありさまで表出することができたら、とかんがえてみるのだ。

　じぶんにとってすばらしい俳句とは言語以前のつじつまをもってその均衡が保たれ、論理のかわりに韻律がその脊柱

を担っているのだけれど、俳句の脊柱はその極端な短さゆえに虹のようにはかなく、わたしの摑まえる言葉もまた、ふたたび別の美しい一句として現前するその日までたちまちただの〈光と音との感触〉に還ってしまうのだった。

重 力 の は じ め の 虹 は 疵 な ら む

　某月某日。なぜ俳句に飽きないのか、としばしば思う。
　そしてそのたび「俳句は時空の 構 造 でなく 質 感 をつくる作業だから」との結論にいたる。
　断るまでもないけれど、これは極私的な感想だ。歴史的に見れば漢詩や和歌に俳句を拮抗させんとした芭蕉や蕪村も、近代的遠近法を俳句に導入した子規も、みな構造をめぐる試行錯誤の中にいた。また季語や切れ字がその中で考案された装置であることも疑いない。
　とはいえこうした話は質感が構造に劣る問題であることを意味しない。型を疑い、素描を避け、モノ以上にそのモノを存在せしめる空気を摑むといった思考法は、構造と同等もしくはそれ以上に古いのだから。
　俳句が時空の質感をつくる作業だというときわたしが思うのは、器をこしらえてはこわす陶工のすがた。感触をまさぐるように言葉にさわる快楽。あるいはまたボサノヴァのような無指向性。同じ場所にいつまでも浮遊しながら、音楽がそれじたいからたえず湧き出るふしぎに身をゆだねる官能。

36. 虹の脊柱

　俳句というシステムに、ひとりの作家が言葉を供給する。するとゆったりとしたひと息の長さのフレーズが、べつだん誰の耳を奪うでもなくくりかえしあふれだす。

　言葉は世界のすがたをなぞり、その多様性に共鳴しながら、なにがしかの意味を部分的に残していつしかただの運動の痕跡と化すだろう。興味ぶかいと同時に無視することもできる、とびきり愉快な無を含んだ俳句になるだろう。

　　　　　　　いまだ目をひらかざるもの文字と虹

　某月某日。土をいじりながら「棟梁を埋葬する詩」のことをかんがえる。

　この詩は袁枚が彼の家の大工だった武龍台（ぶりょうたい）の墓に捧げた作品だ。彼の「随園」にある建物や園亭はすべて武龍台が建てたもので、袁枚は親類のいない彼のためみずから葬式をとりおこない、その骨を庭の一角に埋葬したのだった。

　その場所をつくった本人が、さいごにその場所に埋葬されて守り神になる。なんて完璧な循環なのだろう。しかもそのたましいは、風を集めてみずからを乗せ、みずみずしい虹色を孕みながら光にくすぐられて笑いさえするのだ。

　　　　　　　カイロスとクロノス共寝すれば虹

37. 春の片田舎で

春中与盧四周諒華陽観同居　白居易

性情懶慢好相親

門巷蕭条称作隣

背燭共憐深夜月

蹋花同惜少年春

杏壇住僻雖宜病

芸閣官微不救貧

文行如君尚憔悴

不知霄漢待何人

生まれつき
ものぐさなところがぴったりで
近所もものさびしかったから
いつのまにか仲良くなった

灯火をそむけては
まよなかの月を共に愛し
花影をふんでは
青春の時を惜しみあった

華陽観は田舎にあって

静養するにはよいのだけれど
秘書官の地位は低くて
日々の暮らしはままならない

君ほどの才と器があっても
そんなにやつれているなんて
いったいお上の望む人とは
どれほどなのかと不思議になる
　　　　（白居易「春中、盧周 諒 と華陽観で同居する」）

　南仏に来たばかりの春、海辺の道を歩いていたら、骨董屋
にゆきあたった。
　足をふみいれる。つん、と気取ったかびの匂い。見まわす
と、テーブルの上に彫りかけの熊がある。おずおずと手にと
り、てのひらに包みこみながら、目をつむったまま顔の骨を
確かめるみたいにして撫でる。いい感じだ。
「その熊は、とりこわされた昔の風車の羽根を、風車小屋の
持ち主みずからが削ったものです。あまりに硬くて、途中で
彫るのが嫌になったみたいですね」
　ふりむくと、店の主人がにっこりした。ああ。どうりでこ
の熊にさわったとたん、役目を終えたもの特有の美しさが感
じられたのか。
「風車ですか」

「ええ。ドーデの『風車小屋だより』はごぞんじですか?」

「いいえ」

「彼がアルルの風車小屋に移り住んで、南フランスの風景や日常生活を綴った本ですよ。この本のおかげではじめてプロヴァンス・ブームが起き、みんなこぞってヴァカンスに来るようになりました。機会があればお読みになるといいです。南仏の光とはいかなるものかを知ることができます」

かくしてほんらいの役目を終えた風車は、ぶかっこうな熊に衣がえし、このアパルトマンで余生を送っている。さっきもベランダで風に吹かれながら部屋の中を覗くと、熊は白い壁のそばで、みずからの影にひっそりと身を寄せていた。

影をながめるのはたのしい。影は無ではなく存在のヴァリエーションだ。かたちある世界がかりそめであるように、影もまた仮象の庭をかたちづくっている

影が仮象の庭だとすれば、いっぽう光は仮想の庭だ。光の庭ではありとあらゆるものがまぼろしに思え、強く想うことでしか存在の手ごたえにたどりつけない。

光って、無慈悲だ。

ベランダから部屋に上がり、彫りかけの熊に手を伸ばして、枯れた花のようなその存在をそっと抱きしめる。ごつごつした感触。さっきまでそこにあった影は、目のくらむような南仏の光から解き放たれると、熊を置き去りにして消えた。

37. 春の片田舎で

「春中、盧周諒と華陽観で同居する」は青年時代の白居易が華陽観で盧周諒と一緒に勉強していたころの光景を書いた作品。華陽観は長安の町外れにあった道教の寺である。

この詩には「燭をそむけては共に憐れむ深夜の月／花をふんでは同じく惜しむ少年の春」といった見事な対句がある。この典雅な味わいが散文訳ではごっそり削がれるのが残念に思われたので、即興で短歌訳もつくってみた。

生まれつきものぐさ同士気があつたみやこはづれの華陽観にて

門前のものさびしくてなほのこと親しみあへり風のまにまに

ともしびをぐいとそむけてあひみての今は臥し待つ真夜中の月

花かげをかたみにふめば相惜しむ逢瀬にも似てわかものの春

あんず咲く鄙（ひな）の住まひは平穏でヴァカンス気分もてあましたり

ペンをもて世渡る身とはなるなかれこの貧しさはどうにもならぬ

君はかくも痩せ果ててゐる　うるはしきうつはに水はあふれやまねど

ひむかしの風に吹かれて思ふなり天はいかなる材を待つらむ

167

38. 詠み人、あるいは脱時制者のために

尋胡隠君　高啓

渡 水 復 渡 水

看 花 還 看 花

春 風 江 上 路

不 覚 到 君 家

水を渡り　また水を渡り

花を見て　また花を見る

春の風　水上の道

気がつくと　君の家の前にいた

（高啓「胡隠君をたずねる」）

　世の漢詩読みで、高啓がもっとも好きというひとは相当な
数にのぼるだろう。明代初期を生きたこのひとの詩は平明で
淡白、かつ指紋のごとく残された思索の痕跡、とでも言いた
くなるようなうつせみのヴェールをまとっている。

　もともと水は時間のすがたをあらわすのに向いているが、
そこへ加えて「胡隠君をたずねる」の場合、中国語の動詞の
時制をもたない在り方がその夢遊病的な美しさに大きくかか
わっている。すなわち、いつのまにか君の家に到ると告白す

る作者の水の旅は、あらゆる時制と不定的＝無限的（infini）に
まじわりながら、中国語の幽霊的美技ともいうべき脱時制的
漂流を「復」「還」といった調子で余すところなくリフレイ
ンするのだ。

　この詩にはオマージュもいろいろある。まずは夏目漱石に
よるカヴァー。

春日偶成其十　夏目漱石
渡 尽 東 西 水
三 過 翠 柳 橋
春 風 吹 不 断
春 恨 幾 条 条

東西の水を渡りつくし
青柳の橋を三たび過ぎる
春の風は吹きやまず
恋の心は乱れやまない
　　　　　　　（夏目漱石「春の日のつれづれに　その十」）

　洒脱な狂詩といった雰囲気。高啓の幽霊的美技がいきなり
浮き世のよそおいに変わった。「春恨」は恋心。「幾条条」は
柳が風にたなびき、乱れ髪のようになる光景である。
　次は歌人の謎彦による連句風の超訳。このひとは実験性を
愛しつつ古典にも遊ぶつわものだ。この超訳については、蕪

村の連作「春風馬堤曲」18首をほんのり香りづけに用いた
のではないかしらと勝手に妄想している。

　　春水を三段とびにわたるかな
　　花のむかうは花またも花
　　散るままに一力茶屋へ吹きよせて
　　ふいと出くはす当家の家老　　　　　　　（謎彦・訳）

　　やぶ入や浪花を出て長柄川
　　春風や堤長うして家遠し
　　一軒の茶見世の柳老にけり
　　梅は白し浪花橋辺財主の家　　　（蕪村「春風馬堤曲」抄）

　それから紀野恵の連作「君を尋ぬる歌」（『架空荘園』所収）。
これは高啓の原詩の漢字を各首の頭に据えた 20 首からなる
歌篇である。

　　　　　渡水又渡水（水を渡りまた水を渡る）
　　渡らする為存するにあらざりけりそなたこなたのあはひの
　水は
　　水鏡砕くがに椿落つたりな三年前の恋びとおもふ
　　又ゆめを見つると言うて欺けば欺かるると知りつつゑまふ
　　渡りきと確と思へどささ波のさらとも立たで水面夕星
　　水に棲む如かる君の思はるる袖ゆらぐ藻の、言は水泡の

170

1首目では「そなた」と「こなた」を結ぶとともに断つものとしての水が語られ、2首目ではその水を椿がくぐりぬける瞬間、〈私〉の心に昔の恋人のすがたがよみがえる。この水が鏡と表現されているようすからして、どうやら〈私〉はジャン・コクトーの映画さながら冥府へのとばりを水面に見ているようだ。

4首目は、確かに渡ったはずの水が少しもうごかなかった残酷が、水面に映える夕星との相乗効果において描かれる。そして3、5首目では、こうした感覚を生きる〈私〉が、手の届かない水のむこうに棲む誰かを想いながら現在の恋人と過ごす、といった欺きの光景が語られる。

ここにおいて水の担う比喩は、生死を隔てる境界である。つまり紀野の歌篇は、幽霊的な高啓の詩とは異なり、ごく安定した空間構造を語りの端緒としているのだ。

とはいえそこに描かれる生と死は、連作という方法の中でさまざまの叙述的混乱にさらされ、ついには空間のみならず時間の画定さえどうにもならない状態へと陥ってゆく。

看花還看花(花を看また花を看る)
看ざりけるひと日、看るべきまたの日は雨降らば雨繊かれと思ふ
花降らばうす墨に降れ君知らぬむかしの春の妾を葬れ
還り逢ふ来世の約をせむと言ふバニラアイスの崩ゆる昼言

ふ
　看たりけりかばかりにいと嬉しくてうち忘れける扇子いづ
こや
　花を看よわたくしを看よ希れなるや今生といふ春は希れな
り

　もし雨が降るならば、その雨は〈君〉を看なかった〈かつて〉
の日も、〈君〉を看るべき〈いつか〉の日も、水煙のごとくあれ。
もし花が降るならばうすずみの衣に降れ、そして〈かつて〉の
春に佇む〈私〉を葬ってしまえ──こうした 6、7 首目に対し、
8、10 首目は〈いま〉の恋人との逢瀬の光景になるほどちがい
ないものの、ふと「看」の字が、手を目の上に置き、日光を
遮って、遠い物をながめるかたちをしていることに気がつい
てしまうと、わたくしを看よと〈私〉が訴えている相手は実は
〈いま〉の恋人ではなく、そのはるかむこうにかげろう〈かつ
て〉や〈いつか〉の君なのではないかといった予感を拭い去る
こともできない。
　さらにこの歌篇の詠みぶりからして、9 首目の扇子は目の
上に翳していたものにちがいなく、ついでに書けば扇とは羽
の戸、すなわち軽い扉のことだから、見えたうれしさのあま
り思わず手放してしまった扇子は破れ戸の喩とひそかに通じ
ており、さらには降る雨、散る花、溶けるバニラアイス、稀
なる今生の春といった一連の〈崩れるイメージ〉にもつらなっ
てゆくのである。

38. 詠み人、あるいは脱時制者のために

　こうして紀野の歌篇は、さまざまな記憶や期待を大胆に旅し、めくるめく崩壊感覚に身を巻かれながら、いずれの時空においても〈私〉が生きることはないし、ましてや死ぬこともないといった、脱時空の世界へといつしか帰してしまう。この連作が後半どう展開するのかにもふれたいところだけれど、まだ読んだことのない読者のためにさしあたり思いとどまろう。

　それはそうと、ここにひとつの謎が残る。

　それは、このような時空の脱臼図を描いた〈詠み人〉としての〈私〉じしんは、いったいこのテクストのどこに存在しているのだろうか、という謎だ。

　わたしは、みずからの経験に則して次のように思う──時空という先験的形式を失った〈詠み人〉としての〈私〉は、彼女にとってのもうひとつの先験的形式、すなわち〈定型〉の中にその身を寄せているのではないだろうか、と。

　なぜなら、そもそも〈定型〉で書くとは、各人がそれぞれに有する固有の時空感覚から亡命することを意味し（無論この亡命がラジカルなものとなるか、あるいは根無し草を恐れるがゆえの反動的な「私性返り」を患うことになるかは書き手いかんによる）、また内在的には〈生きつつ死に、死につつ生きる〉ことを夢見る脱時制者として、存在と不在とのみぎわに佇むことにほかならないからだ。

39. 回文と音楽

夢長　王安石
夢長随永漏
吟苦雑疏鍾
動蓋荷風勁
沾裳菊露濃

水の時計が
ぽとりぽとりと
見果てぬ夢に響いている

鐘の音が
とぎれとぎれに
苦吟の一声と混じりあう

風はしたたかに
幌のような
蓮の傘をうごかし

露はしっとりと
裳のような
菊の英をうるおす

（王安石「長き夢」）

　音楽を体感する方法について、かんがえてみる。

　たとえば、じぶんの身体を、物質を受容し、保存し、化合
し、攪拌し、蒸留し、発散するフラスコに見立てることで発
見しうる音楽体感法は、次の4種に大別できるのではない
だろうか。

　①体鳴式。これは身体そのものをゆらしたり、何かと接触

　　させたりすることで音をつくる方法。

　②気鳴式。これは身体の空洞部からなんらかの音を排出す

　　る方法。

　③吸鳴式。これは大気圧を利用した真空フラスコ法の応用

　　である。この場合、わたしはなるべくふぬけた犬の状

　　態で外へ出なくてはならない。そうすると、外界の音

　　が渦を巻いて体内へ流れこむため、わたしはいやおう

　　なしにそのハーモニーにまみれるわけだ。

　④無鳴式。外界の音をすべて忘れて、この世界を無響室だ

　　と想像する。このとき生じるのは呼吸や臓器のうごめき

　　など、身体というフラスコ内に存在する音と、外部から

　　の通信がとだえたことによる孤独な幻聴だ。

　しかしながら音楽とは孤絶と相反するもの。したがって4

つ目の様式を音楽と呼ぶことはできない。心地よい調べを体感するには、五感の受けとる信号がほどよく混乱ないし輻輳(ふくそう)していること、宇宙からの物理的影響を受けやすいことが大切なのだ。極上の音楽は、いかなるときも未知なる共存から成る。音楽の本質とは、身体というフラスコのオルガニズムに生まれる残響、その愉快な混信なのである。

　回文にはフラスコのオルガニズムを湛えたものが多い。なかでも回文音楽と呼ぶにふさわしい作品としてまっさきに思い浮かぶのが、タイトルも回文になった未生響『カイゼル製菓』。
　この本は扉をひらくと、目次の手前に「戯書肆(ギショシ)カイゼル製菓所式★戯詩不思議」と回文エピグラフが付され、すでにして音楽が鳴っている。そして作品の冒頭は、

　田園デ／空二浮ク／語ハ箱／天ノ金色インキ呑ンデ／依然神ハ未完成……

と、まるで稲垣足穂ばりの天界的奇想ではじまる。作中には「現象学者(フェノメノロジスト)ノドス白ノ眼(シロメ)ノエフ／ｉト！」といった破天荒な回文がつぎつぎ登場するが、作者の手つきに、飛びまわる言葉のしっぽを摑んではさっとピンセットで留めたかのような匠(たくみ)のわざを感じる。
　また福田尚代『ひかり埃のきみ』は演奏というよりむしろ楽譜、すなわち動態把握より静態把握を追求した回文音楽を

思わせる。このひとの作品にある言葉のほどよい混信や、その内側から発光するかのような未知なる共存の残響は、耳をつんざくようなするどさだ。『ひかりと埃のきみ』から一節を引いてみる。

　抱き得た詩句　仮の居場所は泡よ
　詩は　祈り隠した液体

　あらめて思えば、回文というのは、ほんとうに古くからある遊びだ。俳諧では宝井其角〈今朝たんと飲めや菖蒲の富田酒〉、また和歌ではよみ人知らず〈長き夜の遠の眠りのみな目覚め波乗り船の音の良きかな〉あたりがすぐさま思い浮かぶ。どちらも音がシンメトリーになった、日本古来の書き方による作品だ。
　いっぽう漢詩における回文とは、多くの場合、音がシンメトリーになったものではなく、逆から読んだときに別の詩が綺麗にあらわれるようリヴァーシブルに書くことを指し、より複雑なフーガの技法が味わえる。
　冒頭の王安石「夢長」はその中でも代表的なもの。逆さ読みは「濃露菊裳沾　勁風荷蓋動　鍾疏雑苦吟　漏永随長夢」となる。漢字は表意文字なので、逆さから読んでも意味が崩壊せず大意が同じになるためここでは訳さない。ちなみに、逆さ読みのときも平仄や脚韻が崩れないようにつくるのはかなり難しいらしい。

40. 冬の朝、そのよごれた窓を

江雪　柳宗元

千 山 鳥 飛 絶

万 径 人 蹤 滅

孤 舟 蓑 笠 翁

独 釣 寒 江 雪

千の山
飛翔は絶えて

万の道
足跡は消えた

一葉の舟
蓑笠の翁が

独り釣る
雪のふる川に

（柳 宗元「川にふる雪」）

冬の朝、部屋にこっそり忍びこんでいた闇を掃くみたいに

さっとカーテンを引き、となりの部屋でまだ寝ている両親に見つからないよう息をひそめながら潮風によごれた東の窓をそっと押しひらくと、夜のなごりの凍てついた湿気や、それを端からほどく心なしかの温気が、風の乱れるにまかせてかわるがわる部屋を満たしにきた。

　窓のそばでは、落ちそこねた枯葉をごっそりまとうミズナラや、長い月日を重ねたシラカバの、氷の粒のつらなる枝を知らない野鳥がついばんでいる。そしてシラカバに寄せられた軽自動車の陰には、たいてい近所に住むひとりの女性がいる。

　アノラックで着ぶくれしたそのひとは、物置前の雪を掻きけずったり、車のエンジンを吹かしながらフロントガラスの氷をはがしたり、凍った漬物樽の中を調べていたり、荷台に釣りの道具を積んでいたりと、いつも何かしらの作業にいそしんでいる。

　そのひとの働くすがたをながめていると、ふしぎと心が落ち着く。この町に引っ越してきて、そのことを発見してからというもの、わたしは朝が来るたび窓をあけて、あたりを見まわすのが日課となっていた。

「あら。早起きね」

　窓から顔を出していると、そのひとは決まってそうあいさつする。

「おはようございます。漁ですか」

「漁？　おおげさねえ。一緒に行く？」

そう誘われるのを待って、いそいそと服を着こむ。もちろん誘われなければそれまでであり、むしろそういった朝のほうがずっと多いのだった。

　浜に着く。太く淡い陽のひろがる海が、夜の面影を鎮めている。鎮まらないのはたなびく気嵐のつめたさと、やわらかい潮の花のさざめき、その甘い臭気に誘われて朝の餌を奪いにくる鳥たちのかしましさだ。
　ときおり、啼き声と啼き声とが伸びやかに絡まりあう中にそのひとのうごくのが見える。そのひとは日の射さない海岸に車を停めると、小さな籠を手にぶらさげて、ゴム製のフィッシングブーツで渚のあとをたどってゆく。
　まばたきをし、まつ毛にたまる霧氷を砕き、まぶたの裏で溶けてゆく氷に視界をうるませながら、もくもくと真綿のようになった霧の中のまだらな陰影を受けとめていると、そのひとがすっと手をあげた。
「こっちに来て、見てごらんなさい」
　おだやかな声。ズボンを防寒靴に押しこんで、おずおずと冷たい水に近づく。
「ほら」
「ウニ。──これ、とっていいの？」
「漁の時期に、迷子を拾うぶんにはだいじょうぶ」そのひとは真偽の確かめようのない説を唱え「もしかしたら、あそこから外に散歩に出て、帰れなくなったのかもね」と、遠くの

180

40. 冬の朝、そのよごれた窓を

養殖地帯を指さしてみせる。

　こんなふうに、わたしは北の海をなんとなく学び、またそれを少しずつ受け入れ、学ぶことと受け入れることのかたくなな境界はいつしかあいまいにされていった。わたしはそのひとに誘われるたびに海へ出、浜や岩のばら根へかくした籠にカジカやアブラコをおびきよせたり、引き潮の貝を拾ったり、乳色に泡だつ波のみぎわで、漂着したウニをはがしたりするそのひとを観察した。

　そのひとは新しいいきものを手に入れるたび、首の疲れをほぐすように周囲を見まわし、日の射さない岩の裏や、冷たい波の端に陣どったまま、声を出さずに口元をゆるめる。年齢にふさわしい若さのないその静かな笑顔には、あらゆるものをつなぎとめて離さないこの世界の、その豊かなかがやきに対しわたしがつねに抱いていた警戒をやわらげる力があって、ときには何かしら問題のある子を療育する教師を思わせもした。

　おのれの胴体を硬い鉛弾にしてつぎつぎ波を切断してゆく海鳥と、すぐさま水面の傷を癒す当の貫かれた海とが、それぞれの強い無表情をいつまでも競い合う中、そのひとの声のない笑顔を見出すごとに、わたしはこの土地の日常になじんでゆくのを感じた。そして寄せ返す波、浮き沈む風、触れつつ隔たる空と海といった世界のリズムを身体いっぱいに受けとめながら、あるときは〈未来において、すでに、描かれただろう〉面影、またあるときは〈過去において、いまだ、生ま

181

れなかった〉名残といった奇形の記憶とたわむれ、とはいえ
そうした記憶はあまりにはかなく、よりどころなく、ほんの
一瞬だけすがたをあらわしたとたん、そこにはもう海よりほ
か何もないのだった──

　記憶は、ここでとだえている。
　冬の海をめぐる子どものころの思い出。何もかもがたのし
くて、さみしかった。
　そのひとはすでにかたちある世界からしりぞいた。そして
心の中においてさえ、記憶から忘却のほうへと存在の項を静
かに移しつつ、まるで光のさざなみのように眼裏をゆらめい
ている。
　朝の海にかがやく、ダイヤモンドダストとひとつになった
忘却の風景。人間の感覚から遠く離れ、あかるく健全なただ
の物質へとのぼりつめた無機体の夢。ふたたび彼女とめぐり
あうとすれば、それはこの夢の風景においてよりほかではあ
りえない。それゆえわたしは冬の朝、今も潮風によごれた窓
を押しひらくのだ。

　柳宗元は中唐の詩人。「川にふる雪」は現代の教科書にも
載っている、日本でもっとも知られた漢詩のひとつだ。
　句頭を「千」「万」「孤」「独」と数で揃えたことで生まれ
た力強さ。たてよこななめ、どの方向に目をすべらせても均
整のとれた字配り。理知と情感とのいずれにも染みわたる透

徹性。

　天地がすっかり雪におおわれた静謐な世界の片隅で、ひとり川にうかぶ隠者の凛としたすがた。そこには手の届かない、だがずっと待っていた別の世とつかのまめぐりあったかのような感動がある。

❖付録 1 ❖
恋は深くも浅くもある
わたしはどのように漢詩文とおつきあいしてきたか

『紅楼夢』第五十二回より　曹雪芹

昨夜朱楼夢

今宵水国吟

島雲蒸大海

嵐気接叢林

月本無今古

情縁自浅深

漢南春歴歴

焉得不関心

昨夜は朱楼でまどろみ

今宵は水の郷でうたう

島雲は広がる海を蒸し

靄の気配が森にせまる

月にむかしも今もなく

恋は深くも浅くもある

漢南の春はたけなわ

なんで愁いを免れよう

（曹雪芹『紅楼夢』第五十二回より）

このたび依頼されたテーマは「現代の俳句作家がどのように漢詩とかかわっているのか、またじぶんの創作にどのように影響しているのか」です。なんでも 2017 年は正岡子規と夏目漱石の生誕 150 周年にあたるそうで、明治の文人たちの素養であった漢詩文が今どんなふうに受容されているのか調査する意図があるとのこと。そんなわけですので、ほかの執筆者と話がかぶらないよう、また現在の状況がクリアになるよう意識して、漢詩文とのつきあいをいくつか語ってみようと思います。

　わたしは数年前に俳句を書こうと思い立ち、とある俳句の賞に「出アバラヤ記」という連作 50 句を応募しました。句集『フラワーズ・カンフー』にも収録したこの連作が、まずもってたいへん漢詩の恩恵をこうむっています。

　くわしく書きますと、作中に王維「辛夷塢」ならびに李白「山中問答」「春夜洛城に笛を聞く」といった 3 つの漢詩を引用しました。それからこの連作はいくぶんややこしい庭のイメージの中で話がすすむのですが、そのイメージの制作にあたって何冊かの中国絵画の理論書からインスピレーションを得ています。なかでもラカンの中国語の家庭教師だったフランソワ・チェンという作家がフランスにいまして、このひとが『虚と実（Vide et Plein）』なる中国絵画の理論書と『気と神（Souffle-Esprit. Textes théoriques chinois sur l'art pictural）』なる唐代から清代までの絵画にかんする必読書 50 冊のアンソロジーを出版しているんですね。この 2 冊がたいへんつか

185

い勝手のよい本で、初手の発想のいくつかをそこに負っています。たとえば「ほのぐらい天（精神）」「うすあかるい地（現象）」「人でなし（呼吸）」から構成される〈いまだ分離に至らない、クロスオーバー状態の天地人〉などは、水墨においてうすずみで描かれる「霞」の体現する意味合いから思いついたものです。またさらに実際の句として、

　閑 居 初 夏 開 魂 匣 愛 撫 哉

こんなのを応募作に入れてみました。読み下すと〈閑居初夏たまばこひらく愛撫かな〉といった句になります。こんなふうに俳句を書こうと思った理由は、単純に変わったことがしたかったのと、あと、ふわっとロマンチックだから。古典を遊ぶって、時を駆けるロマンじゃないですか。それで「よし応募するぞ」と作句に着手するやいなや、気分は久木田真紀の、

　紅梅をもったときからきみはもう李氏朝鮮の使者なのである

って感じでノリノリだったんですたぶん。加えて紀野恵の

　文を遣る万里無雲都明浄隔てあるまじく冀ひ候
　あな尊 true うそつききりぎりすすみわたる夜涙雨晴難

などの短歌を知っていたので、俳句と漢文とをフュージョンすることに何のためらいも感じませんでした。

この応募のあと、なんとなく俳句を書く機会に恵まれるようになったのですが、あいかわらず漢詩をからめて遊んでいます。前述の句集から、一例となる連作を。

上楼迎春新春帰　　楼の人いづれの春を迎へたる
暗黄着柳宮漏遅　　漏刻や春着の裳裾ゆるやかに
薄薄淡靄弄野姿　　初靄を恋ひつつ見よや天（あま）の野を
寒緑幽風生短糸　　初風のされど昔のままの身よ
錦裀暁臥玉肌冷　　まじなひのごとし寝姿馴れそめて
露臉未開対朝暝　　わが春や別離にまぶたあかずとも
官街柳帯不堪折　　初咲を手折りし僧のけろりかな
早晩菖蒲勝縮結　　くりかへす遁辞のごとく初夢を
　　エピローグ　　　夜半いくつ越えて重なる舟の春

これは李賀「河南府試十二月楽辞　正月」を題材として、超訳としても、李賀から完全に独立した作品としても読めるように書いたものです。もちろん超訳ではなくそのままベタ訳してみることもありますし、またときに連句風の趣向を用いることもあります。

禅寂無塵地　　僧院のいづこも清き悟りかな

焚香話所帰	香焚きしめて語る仏法
樹揺幽鳥夢	木はゆれる幽かな夢に鳥のゐて
蛍入定僧衣	わが衣手をめざす蛍は
破月斜天半	なかぞらに傾く月の欠けごこち
高河下露微	銀漢そつと露をこぼして
翻令嫌白日	月に抱かれ日のあかるさが嫌になる
動即与心違	昼はおのれを見失ふゆゑ

　こちらは連句風にした 劉 得仁「秋の夜、僧院に泊まる」。さらに短歌にすることもあり、その場合は一句を一首にコンヴァージョンするのがもっぱらです。

　それから、俳句を書くときに漢詩を思い浮かべることが、たまにあります。典拠すなわち発想源というのは作者のプライヴェートな事情にすぎないので、そんなつまらない話をして読み手の自由に水をさすのはできるかぎり避けたいのですが、今回のテーマとのかかわり上ふたつほど明かしますと、まず先の〈閑居初夏開魂匣愛撫哉〉が楊万里「閑居初夏午睡起」に、また〈茱萸かざす家族をつゆも思はねど〉という拙句がありまして、これが王維「遥知兄弟登高処／遍挿茱萸少一人」に由来しています。

　読むほうについては、結婚したてのころ義父から譲り受けた武田雅哉『桃源郷の機械学』に衝撃を受けました。武田雅哉のファンは相当な数にのぼると思うのですが、遅ればせながらわたしもひょうたんとしての宇宙とか、宇宙卵クンルン

の謎とか、偽書のドラマツルギーとか、山東京伝のメタテクストぶりとか、あれやこれやのチープを賞玩するインテリの手つきにすっかりやられてしまったわけです。

　あともう1冊、まったくタイプのちがう 張 岱 『陶庵夢憶』もはずせません。この随筆集は夢のような暮らしのエピソードが、いまや失われてしまった過去のこととして語られているところがいいんですよ。日々の暮らしの中で何かに出会い、そのつどにわかに「なんてすばらしいのだろう」と感動するのもしあわせなことですけれど、そのすばらしいものをすっかり忘れたまま長い歳月を生き、あるときふいにそれを思い出して「ああ、かつてあんなことやこんなことを経験したなあ」とせつなくなるのも人生における浄化のありかたのひとつですよね。『陶庵夢憶』はその手のせつなさを感じさせる本なのです。

　まだまだ語りたいことはありますが、今回のテーマをすでにはみ出していることに気がつきましたので、この辺で筆を擱くことにします。さいごに漢詩と自分との関係をひとことにまとめてみますと、そうですね、深い想いを抱きつつ浅くつきあう恋、といったところでしょうか。

❖付録2❖
ロマンティックな手榴弾
「悪い俳句」とはいったい何か？

寄近侍美妾　一休宗純
淫乱天然愛少年
風流清宴対花前
肥似玉環痩飛燕
絶交臨済正伝禅

淫乱　それは少年を愛する天性のこと
風流　それは華をはべらす清らかな宴

肥えた子は楊貴妃のようで
痩せた子は趙飛燕のようで

禅の戒律に　俺は背を向けるのだ
（一休宗純「そばつきの美娼たちへ」）

　今回の「悪い俳句」特集。「週刊俳句」側のご説明によれ
ば、この「悪」はワル・悪徳・背徳・不道徳などのラインで
理解せよとのこと。どうやら俳句をノワールの観点から読ん

でみなさい、という趣向らしいです。

　まずはマクラからはじめますと、わたしはかれこれ長いあいだ、武術界の最底辺をうろつく人生を送っています。この業界に足をふみいれてしまった経緯については、それはもういろいろありました。いっぽう依然として足を洗わずにいる理由は、この業にハマっているひとたちの頭のイカレっぷりを愛しているから、というのが大きい。

　ところで武術というのは、東洋哲学だけでなく現象学などとも相性がよろしいらしく、さいきんではそうしたアプローチからこの道に関心をもつひとも少なくないようです。とはいえ生（なま）の現場を見るかぎり、言葉によって武術を「読み」のネタへと引き倒すことの不具合に気づかないひとは、この道を去ってゆくのもまた驚くほど早い、というのが日ごろの実感。

　なぜこの手の知的なひとびとは武術に飽きてしまうのか？これ、手近なところでは彼らが武術の「悪」の部分にさほど興味をもっていないことがすぐに思い起こされます。ひるがえって真性のクンファー（拳徒）はどうかと思いめぐらすに、往々にして彼らはこの道を「人非人（にんびにん）たちの吹き溜まり」とか「畜生道としてのモンド・ノワール」などと捉えているようす。要するに真性のクンファーとは、知性とはまるで別次元の、もっとクレイジーでエイリアンなサムシングをもとめて日々精進するいきものである、というわけです。例をあげると、てのひらから波動砲を出す（これ、テクニカルタームで

「如来神掌」と言います）とか、気のパワーで目玉焼きをつくってみせる（『食神』のクライマックスで周 星馳がかますあれ）とかその手のしょうもないノリ。こうやって書いてみますと、必ずしも冗談でないだけにいささか残念な気もしますが、総じてクンフーとは、黄金時代のショウ・ブラザーズのポスターやら何やらをあおぎつつ、ひとに非ざる業をこれでもかと極めんと欲する哀しき徒である、と申すのがやはり適切でありましょう。

　で、毎日こうした練功を黙々とやりつづけているとどうなれるかというと、もうほんとうに心の底からひとりぼっちになれます。あたかもアウトローのように。やっていることの意味が当の本人にも皆目わからないし、友だちも失いかねない。でもいかんせんクンフーはまるきり世間を顧みない、つまびらかならぬ闇をのたうちまわってこそ俄然おもしろい。ただしこれをうっかり口に出してしまうと聡明な武術家たちから「ひとりぼっち？　つまびらかならぬ闇？　稽古というものが不可知なるアソコに触れようとするいわば合理に反する行為なのはわかりますが、アウトローとは関係ないでしょう？」と諭されてしまうのですが。

　ここで問題なのは、聡明な武術家というのがこの「不可知なるアソコ」を、ひょっとすると畜生界のことだろうか、なんてふうには想像すらしていないことです。それどころか、ややもすると否定神学、もしくは純粋にスピリチュアルなものだと思っています。いわゆる悟りとか、ニューサイエンス

とか、そういうの。しかしながら武とは冗談抜きで殺という視座をめぐる体系なのですし、またそこで語られる死の意味するものが形而上学とも宗教ともまったく縁のない、文字どおり神も仏もない世界であることはあらためて述べるまでもないでしょう。

　と、まあこのように武術を「読む」ひというのは、えてして「悪」の部分にあまり興味がないか、もしくは都合良く解釈してしまうことが少なくないわけですが、とはいえ個人的にはこうした現象を、武術に対する無理解と感じたことは実のところ一度もなかったりします。それはなぜかと申しますと、そもそも「悪」とは「読み」から最も隔絶したところに燦然とかがやく性質である、と思うからです。

　ようやくここから本題です。すなわち「悪」と「読み」との隔絶について。このふたつの相性というのは最悪というしかない。ぜったいにすれちがう。なにしろ「読み」というのはどうしたってその対象を理解しよう（また時によっては救済し、最悪の場合は成仏させよう）とする行為です。いっぽう「悪」とは他人からの理解を拒もうとする力学。この世のはぐれものたることをえらんだ「悪」たちにとって「読まれること」は悪夢でしかありません。理解なんかされちゃあたまらない。畜生界では救済も成仏も悟りもニューサイエンスも御法度なのです。

　モンド・ノワールとはその孤独をただシンプルに生きるため、それになんの意味もなく耐えるために地上に存在する舞

台であり、またそれでこそ無規範のロマンも花ひらく。ジャン・ジュネの作品について何か書こうとしたデリダが思わず『弔鐘』なる怪書をものしてしまったのも、この「悪」と「読み」との相性の悪さ、すなわち「悪」を強引に読もうとすると「いやらしい善意」の臭気がそこに避けがたくただよってしまうといった至上最悪の救済ヒューマニズムを回避するためでした（と、わたしも今これを書きながら気づきました）。かくしてデリダは自著をクレイジーなエイリアン化、すなわち哲学界のはぐれものとすることでジュネを「読み」に懐柔することなくその血肉に迫ろうとしたわけです。こんな不埒に自著を晒すとは、デリダというひともよほど「悪い」男だったのでしょう。

　さて、つまるところ「悪い俳句」とはいかなるものか。それは「読み」をふたつの意味で拒絶する俳句です。「読者」を待たず「読解」を斥ける──おそらくこのような在り方こそ「悪い俳句」の美学にちがいありません。そしてわたしたちはといえば、どんなにその句を愛そうと、その馬鹿げたはぐれっぷりをそっと見守ることしできない。しかしながらここで話を終えてしまうと少しばかり愛想に欠ける気もするので、この「馬鹿げたはぐれっぷり」というのがいったいどのようなものか、勇気をもって大いに通俗的な印象批評の水準にまで引きずりおろしてみます。すなわち次のような条件を満たしているとき、その句は思わずぎゅっと抱きしめたくなっちゃうほど「悪い」のではないでしょうか。

付録2　ロマンティックな手榴弾

①悪い俳句（＝ノワールな俳句）とは、親切な読者ないし読解によって昇華されることをかたくなに拒む、強がりな芳香を放っている。

②友のいない、孤独な、この世の外道である性（さが）が、じんわりとにじみ出ている。

③この世のすべてを強奪したかのような華やぎと、実は何ひとつもっていない素寒貧（すかんぴん）の哀しみとが、同時に浮き彫りとなっている。

④かがやいていて、せつなくて、ただそこに転がる、最高にロマンティックな手榴弾である。

街 角 に 薔 薇 色 の 狼 の 金 玉 揺 れ る　　　　　山本勝之

あとがき

　詩歌句がふんだんに引用された日本の小説に、大西巨人の『神聖喜劇』というのがあります。

　わたしはこの小説がお気に入りで、これまでなんども読み返しているのですが、東堂太郎と安芸の彼女との情愛の駆け引きがえんえんと続くあたりでいつも、ああ、ここに江馬細香の詩が盛りこまれていたら、と悩ましくなります。そしてもしもこの作家が今なお生きていたら、そのあたりをざっくばらんに伺いつつ、お茶とお菓子をわけあって、漢詩についてまったりとおしゃべりしたかったなあとしんみり思うのでした。

　大西が詩歌句に向きあうときの構えには、専門家でも好事家でもない、素朴な愛好家としてのうぶな恥じらいが感じられます。引用にしても、読者諸氏にご覧に入れよう的なわけ知り顔、もの知り顔ではなく、じぶんがほんとうに親しんで

きた作品にさわる手つきです。

　愛を忘れず、うぶでありつづける。それは言葉と、そしてまた人生とつきあう上でとても大切なこと。この本もそんな心づもりで編みました。

　日原傳氏にはこの場を借りて深くお礼申し上げます。俳句結社「天為」所属で全日本漢詩連盟理事でもある日原氏に、拙訳ばかりでなく本文、詩人紹介、さらには出典にまで目を通していただけましたこと、またたくさんのご助言を賜りましたことは思いがけないよろこびでした。

　夜が明けてきました。そろそろ朝一番のカモメが海にやってくるころです。空の藍色が澄みわたるにつれ、少しずつ浮かび上がる蒼波と、渚に生まれるあたらしい砂紋。そして、おはよう。そう、これはおはようのあいさつで終わるあとがきです。

2018 年 4 月 20 日　小津夜景

本書に登場するおもな詩人たち

＊50音順

◈一休宗純　いっきゅうそうじゅん　（1394年 - 1481年）
日本・室町時代の禅僧、大徳寺47世。字は一休。号は狂雲子。諱は宗純，後小松天皇の皇子。6歳で出家、17歳で大徳寺の華叟宗曇から印可を受ける。当時の世俗化・形式化した禅に反抗して各地を転々とし、風狂の客として奇行のかぎりを尽くす。応仁の乱の鎮まった晩年は大徳寺伽藍の再興に奔走した。『狂雲集』。☞ 190 頁

◈江馬細香　えまさいこう　（1787年 - 1861年）
日本・江戸末期の女性詩人、画家。美濃出身。大垣藩医江馬蘭斎の長女。通称は多保。字は緑玉。号は湘夢、細香。少女の頃から漢詩・南画に才能を示し、詩を頼山陽に、画を玉瀾和尚と浦上春琴に師事。同郷の梁川紅蘭とならび称される。山陽の求婚を父が断ったため、生涯を独身で過ごした。『湘夢遺稿』。☞ 98,101 頁

◈袁宏道　えんこうどう　（1568年 - 1610年）
明末の詩人。公安（湖北省）の人。字は中郎。号は石公。兄の宗道，弟の中道とともに三袁と称される。心情の迸るままを重んずるといった彼の詩作は性霊説と呼ばれ、復古派の格調説と正面から対立、公安派という文学運動に発展した。花書『瓶史』は洗練された文人趣味と文章とで知られる。『袁中郎全集』24 巻。☞ 148 頁

◈袁枚　えんばい　（1716年 - 1797年）
清の文人、詩人。銭塘（浙江省）の人。字は子才。号は簡斎、随

園。23歳で進士となり38歳で隠居、その後は南京 小倉山の別荘随園での生活を楽しみつつ文筆で活躍。門下から閨秀詩人が輩出したことや食通としても有名。『随園詩話』26巻、『子不語』24巻、『随園女弟子詩選』6巻、『随園食単』。☞ 156,160頁

◇王安石　おうあんせき　（1021年 - 1086年）
北宋の政治家、詩人、文章家。臨川（江西省）の人。字は介甫、号は半山。諡号は文公、また荊国公とも。杜甫の詩に傾倒し『唐百家詩選』（20巻）を編纂、また技巧的絶句の名手で典故ある語句を巧みに詩語とした。文章家としても一流、唐宋八家の一人に数えられる。『臨川先生文集』（100巻）☞ 144,174頁

◇王維　おうい　（699年 - 759年あるいは701年 - 761年）
盛唐の高級官僚、詩人、画家、音楽家。太原（山西省）の人。字は摩詰。「詩仏」と称され、また最晩年の官名により王右丞とも呼ばれる。年少の頃から美貌と多芸をもって知られ、その詩風は典雅で静謐、陶淵明や謝霊運から続く自然詩を大成させた。『王右丞詩集』10巻、『王右丞集』6巻。☞ 84,87,122頁

◇王士禎　おうしてい　（1634年 - 1711年）
清の文人。新城（山東省）の人。字は貽上，号は阮亭，また漁洋山人。諡号は文簡。24歳のとき「秋柳詩社」を結成、すぐさま全国にファンをもつに至った。詩禅一致の説に基づいて、自然と一体化した境地に生まれる余韻を垢抜けた表現のなかに描いた。著作は多く、主要なものに『漁洋山人精華録』12巻。☞ 106頁

◇王勃　おうぼつ　（650年 - 676年）
初唐の詩人。竜門（山西省）の人。字は子安。隋末の儒学者王通の孫。初唐四傑（王勃・楊炯・盧照鄰・駱賓王）の一人。早熟の天

才で，若くして沛王に仕えたが、官奴を殺したかどで官吏の資
格を奪われ、同じ事件に連座して交趾(ベトナム北部)に在職中の
父の福時をたずねてゆく途中，海に落ちて死亡。『王子安集』16
巻。☞ 22 頁

◈大田蜀山人　おおたしょくさんじん　（1749 年 - 1823 年）
日本の江戸後期の文人、御家人。江戸出身。本名は覃。通称は直
次郎。号は南畝、蜀山人。狂歌名、四方赤良。戯作名、山手馬鹿
人。狂詩名、寝惚先生。19 歳で平賀源内に認められ狂詩文『寝
惚先生文集』を刊行、以後、狂歌、狂詩、狂文、黄表紙、洒落本
といった各方面で文名を揚げ、特に狂歌界の中心人物となった。
☞ 76 頁

◈何佩玉　かはいぎょく　（1815 年 - 1850 年）
清の女性詩人。歙県(安徽省)の人。字は琬碧。安徽省の知事何乗
棠の三女で、祝麒の妻。姉妹とともに「何氏三姐妹」と称され
る。『藕香館詩鈔』。☞ 108 頁

◈元好問　げんこうもん　（1190 年 - 1257 年）
金末・元初の詩人。太原(山西省)の人。字は裕之。号は遺山。
1232 年、任官中に金が滅亡し捕虜となる。釈放後はモンゴルに
仕官することなく、祖国・金の歴史編纂事業に全力を尽くすため
歴遊、著述の日々を送る。金代の詩を集めた『中州集』を編纂。
『元遺山先生集』40 巻。☞ 110 頁

◈呉偉業　ごいぎょう　（1609 年 - 1671 年）
明末・清初の詩人、画家。太倉(江蘇省)の人。字は駿公、号は
梅村。36 歳で明が滅亡し、故郷に引退。その後、清朝に強制さ
れて出仕するも、3 年後母の喪を理由に退隠。明清両朝に仕えた

結果になったことを悔やみつつ生涯を終えた。江左三大家（銭謙益・龔鼎孳・呉偉業）の一人。『梅村家蔵稿』60巻。☞ 72頁

◈小池純代　こいけすみよ　（1955年 -）
日本の歌人。静岡県浜松市出身。歌人村木道彦との出会いを機に15歳で作歌を開始。歌集に『雅族』（六法出版社）、『苔桃の酒』（砂子屋書房）、『梅園』（思潮社）。全集版『松岡正剛　千夜千冊』（求龍堂）では1144首の「千夜短歌」を文に添えた。なお本書36頁および135頁に引いた翻案はいずれも書籍未収録のもの。☞ 146頁

◈高啓　こうけい　（1336年 - 1374年）
明初の詩人。長州（江蘇省）の人。字は季迪。号は青邱。元末の戦乱を避け、蘇州郊外の青邱に住む。明朝に招かれて『元史』編集に参加したが、明の太祖が起こした大粛清の折、一事件に連座し刑死。明代最高の詩人とされ、日本でも江戸時代以来、多くの愛読者をもつ。『高太史大全集』18巻。☞ 168頁

◈謝希孟　しゃきもう　（1000年 - 1024年）
北宋の女性詩人。晋江（福建省）の人。字は母儀。謝伯景の妹。陳安国の妻。婉曲的な深みと慎みを、古格を感じさせる筆致の中に結実させたその作品は、欧陽脩の序とともに世に送り出され、福建文化の当時の隆盛と成熟とを象徴するものとして今も語り継がれる。『女郎謝希孟集』2巻。☞ 34頁

◈謝霊運　しゃれいうん　（385年 - 433年）
南朝宋の詩人。陽夏（河南省）の人。字は宣明。六朝きっての名門貴族の出で、祖父の謝玄は名将として知られる。当時最高の文才として洗練された感覚と繊細な表現で自然を詠い、山水詩の祖

となる。最期は謀反を企てたとして広州に流され処刑。『謝康楽集』。☞ 50 頁

◈菅原文時　すがわらのふみとき　（899 年 - 981 年）
日本・平安時代の学者、文人。右大臣菅原道真の孫で、大学頭菅原高視の次男。最晩年の官位が従三位だったため、菅三品とも呼ばれる。文章道に優れ、大江朝綱・維時とならぶ村上朝の代表的文人。作品集『文苑集』は散逸。現在その詩文は『扶桑集』『本朝文粋』『和漢朗詠集』などに残る。☞ 138 頁

◈絶海中津　ぜっかいちゅうしん　（1336 年 - 1405 年）
日本・室町時代初期の禅僧、漢詩人。土佐出身。中津は諱。道号は絶海、要関、蕉堅道人など多数。13 歳で夢窓疎石に師事し、1368 年入明。帰国後は足利義満・義持の帰依を受け、義堂周信とともに臨済宗夢窓派の発展に寄与。同じく義堂とともに五山文学の双璧と称される。『蕉堅稿』2 巻。☞ 126 頁

◈曹雪芹　そうせっきん　（1715 年頃 - 1763 年頃）
清朝の作家。南京（江蘇省）の人。名は霑。字は芹圃。号は雪芹、夢阮など。南京有数の名家に生まれたものの少年時代に帝位継承問題に絡んで家産を没収され、曹家は没落、その後は北京に移り耐乏生活を送る。晩年は『紅楼夢』の執筆に没頭したが病没。未完で遺された小説は中国を代表する古典小説と称揚される。☞ 184 頁

◈曹操　そうそう　（155 年 - 220 年）
三国時代の武将、魏の開祖、詩人。沛国譙（安徽省）の人。字は孟徳。諡号は武帝。廟号は太祖。屯田制・兵戸制・戸調制など諸制度を確立し国の基礎を作る。また詩人を庇護し、楽府を文学形式

へと昇華させ、儒家的・礼楽的な型に囚われない自由な文調を生み出すなど、建安文学という中国詩史上の一黄金期をつくった。☞ 129 頁

◈蘇軾　そしょく　（1037 年 - 1101 年）
北宋の文人、書家。眉山（四川省）の人。字は子瞻。号は東坡。唐宋八家の一人。父蘇洵、弟蘇轍と合わせて三蘇と称される。王安石の新法に反対して左遷、諸州を回ったのち海南島に流罪、66歳で大陸への帰還が許されるも帰途に病没した。書家としては宋代四大家の一人で「黄州寒食詩巻」が残る。『東坡七集』110 巻。☞ 60,62 頁

◈土屋竹雨　つちやちくう　（1887 年 - 1958 年）
日本・大正昭和の漢詩人、大東文化大学学長。山形県鶴岡市出身。名は久泰、字は子健、号は竹雨。幼時より漢詩を作り、大須賀筠軒ほかの指導を受ける。1928 年大倉喜七郎の後援で芸文社を設立、漢詩文芸誌「東華」を創刊・主宰した。昭和漢詩壇の第一人者。『猗廬詩稿』『日本百人一詩』『土屋竹雨遺墨集』。☞ 130 頁

◈陶淵明　とうえんめい　（365 年 - 427 年）
六朝時代の東晋末〜南朝宋初の詩人。柴桑（江西省）の人。名は潜。字は元亮。号は五柳先生。父方曽祖父は陶侃、母方祖父は孟嘉。数回仕官するも肌に合わず、41 歳のとき彭沢の県令を 80 日余で辞した後は、郷里で畑を耕しつつ自適生活を送った。後世「隠逸詩人」「田園詩人」と呼ばれる。『陶彭沢集』6 巻。☞ 18,64,85 頁

❖杜甫　とほ　（712 年 - 770 年）
盛唐の詩人。襄陽（河南省）の人。字は子美。号は少陵。遠祖は晋
の杜預。祖父は杜審言。20 歳の頃より各地を放浪し李白らと親
交を結ぶ。中年には安禄山の乱に遭って幽閉されるなど波乱の生涯
を送った。後世、元稹にその詩を発見され、王安石・蘇軾らによっ
て「詩聖」と称揚されるに至った。『杜工部集』20 巻。☞ 8,133 頁

❖夏目漱石　なつめそうせき　（1867 年 - 1916 年）
日本・明治時代の小説家、評論家、英文学者。江戸の牛込馬場下
横町（現在の東京都新宿区喜久井町）出身。本名は金之助。英国留
学からの帰国後、一高と東大の教壇に立ったが、『吾輩は猫であ
る』の成功を機に創作に専念することを決意、朝日新聞の専属作
家となった。森鷗外とならぶ日本近代文学の巨匠とされる。☞
80,169 頁

❖梅尭臣　ばいぎょうしん　（1002 年 - 1060 年）
北宋の詩人。宛陵（安徽省）の人。字は聖兪。叔父梅詢が中央政府
の高官であったため科挙を受けずに官職を得たが、一生を一介の
地方官として過ごした。華麗な典故や対句に強く傾いた西崑体の
詩風に異議を唱え、日常生活に即しつつ、平淡でありながら哲学
的含蓄のある詩を多く残し、宋詩の基礎をつくった。『宛陵先生
集』60 巻。☞ 42 頁

❖白居易　はくきょい　（772 年 - 846 年）
中唐の詩人。太原（山西省）の人。字は楽天。号は香山居士。5
歳より詩作を学び 29 歳で進士となったが、激しい権力闘争を
避けて官吏を引退、晩年は詩と酒と琴を三友として暮らす。詩
風は平易明快、詩文集『白氏文集』75（現存は 71）巻は存命中に
日本に伝来し、平安以後の日本文学に大きな影響を与えた。☞

本書に登場するおもな詩人たち

14,54,134,137,142,164 頁

❖原采蘋　はらさいひん　（1798 年 - 1859 年）
日本・江戸の女性詩人。秋月藩出身。名は猷。号は采蘋、別号は
霞窓。豊後秋月藩の儒官原古処の長女。少女時代から詩文・書を
能くし、諸国を遊歴しつつ各地の著名人と交流。江馬細香・梁川
紅蘭らとならぶ江戸後期の女性漢詩人の代表的人物となった。男
装の詩人としても知られる。『采蘋詩集』『東遊日記』。☞ 116 頁

❖孟浩然　もうこうねん　（689 年 - 740 年）
盛唐の詩人。襄陽（湖北省）出身。字は浩然。名は浩。若い頃は郷
里の鹿門山に隠棲、40 歳で長安に上り科挙を受けたが落第、そ
の後は江南の各地を放浪して一生を終えた。王維、張九齢、李
白などと親交があった。王維とともに「王孟」とならび称され、
山水自然派の詩人として知られる。『孟浩然集』4 巻。☞ 77 頁

❖耶律楚材　やりつそざい　（1190 年 - 1244 年）
初期モンゴル帝国の官僚。字は晋卿。号は湛然居士。諡は文正。
モンゴル名はウト・サカル（「髭の長い人」の意）。耶律氏は遼の
王族の流れを汲む代々金朝に仕えた一族で、学問に秀でた彼はチ
ンギス・ハーンの政治顧問を務めた。ハーンの西域遠征に随行し
たときの見聞記『西遊録』が有名。『湛然居士集』14 巻。☞ 26
頁

❖余林塘　未詳
☞ 102 頁

❖頼山陽　らいさんよう　（1780 年 - 1832 年）
日本・江戸の歴史家、漢詩人。大阪で生まれた。名は襄。字は子

成。通称は久太郎。21 歳で安芸を出奔し、脱藩の罪で自宅幽閉となる。赦免ののち京都で開塾。幽閉中に起稿した、日本の武家の歴史を描いた『日本外史』22 巻は幕末の尊攘派に強い影響を与え、日本史上のベストセラーとなった。ほかに『山陽詩鈔』8 巻。☞ 94 頁

◈李賀　りが　（791 年 - 817 年）
中唐の詩人。昌谷（河南省）の人。字は長吉。出身地から李昌谷とも呼ばれる。10 代にして韓愈に才を認められ、推薦を得て進士を目指したものの、才を妬む者たちに受験を阻まれ官途を断念した。『楚辞』の影響を受けつつ超現実的で色彩感覚の豊かな詩を書き、後世「鬼才」と評された。『李賀歌詩篇』4 巻。☞ 152,187 頁

◈陸游　りくゆう　（1125 年 - 1210 年）
南宋の詩人。山陰（浙江省）の人。字は務観。号は放翁。南宋第一の詩人として、北宋の蘇軾とならび称される。古今第一の多作家としても知られ約 1 万首が現存。四川省（蜀）へ家族とともに赴任する際の、5 ヶ月余の船旅を綴った日記『入蜀記』は紀行文学の圧巻とされる。『渭南文集』50 巻、『剣南詩稿』85 巻。☞ 30,68,70 頁

◈李白　りはく　（701 年 - 762 年）
盛唐の詩人。西域で生まれ、綿州（四川省）で成長。字は太白。号は青蓮居士。杜甫とならぶ中国最高の詩人。若い頃は剣術と任侠を好み、25 歳頃四川を出て揚子江を下り、江南、山東、山西と各地を遊歴。42 歳で玄宗に一時仕えたが、また放浪に戻った。道教的発想に支えられた幻想的作品が多い。『李太白集』30 巻。☞ 46,49,78,120 頁

本書に登場するおもな詩人たち

※柳宗元　りゅうそうげん　（773年 - 819年）
中唐の文人、詩人。河東（山西省）の人。字は子厚。柳河東、河東先生とも呼ばれる。山水詩にすぐれ、王維・孟浩然・韋応物らとともに唐代自然派詩人として脚光を浴びた。また韓愈とともに宋代に連なる古文復興運動を実践し、唐宋八家の一人にも数えられる。『柳河東集』45巻。☞ 178頁

※劉得仁　りゅうとくじん　（生没年不詳）
晩唐の詩人。字は裡。順宗の娘の子。ほかの兄弟のようにその地位を利用して官職を得ようとせず、30年間科挙に応じて進士及第を目指すも、望み叶わず終わったと伝えられる。☞ 187頁

※林逋　りんぽ　（967年 - 1028年）
北宋の詩人。銭塘（浙江省）の人。字は君復。死後、仁宗により和靖先生と諡されたため、林和靖とも称される。西湖の孤山に廬を結び、生涯出仕せず、また妻帯もしなかった。鶴を飼い、梅を賞し、その一生を隠棲して終えた。詩は書き上がるたび本人が破棄していたため残存が少ない。『宋林和靖先生詩集』6巻。☞ 38頁

※厲鶚　れいがく　（1692年 - 1752年）
清代の詩人。銭塘（浙江省）の人。字は太鴻。号は樊榭。家は貧しく、葉煙草販売業の兄に育てられたが、才覚を現したのちはパトロンに恵まれ、遼・宋の歴史および文芸にかんする教養を活かした編纂物を数多く残した。『遼史拾遺』24巻、『宋詩紀事』100巻、『南宋院画録』8巻、『絶妙好詞箋』7巻。☞ 88頁

漢詩出典

＊本書で翻訳した漢詩文の出典は掲載順で以下のとおり
＊なお漢詩の表記には原則として常用漢字体を用いた

❖ 「旅夜書懐」杜甫
　　『中国名詩選(中)』松枝茂夫編、岩波文庫、1984 年
❖ 「贈元積抄」白居易
　　「維基文庫」https://zh.wikisource.org/wiki/ 贈元積
❖ 「飲酒二十首其七」陶淵明
　　『陶淵明詩集(上)』松枝茂夫・和田武司訳注、岩波文庫、1990 年
❖ 「滕王閣」王勃
　　『中国名詩選(中)』松枝茂夫編、岩波文庫、1984 年
❖ 「西域河中十詠其一」耶律楚材
　　『中国名詩選(下)』松枝茂夫編、岩波文庫、1986 年
❖ 曹丕のぶどう評 (段成式『酉陽雑俎　十八巻』)
　　中国哲学書電子化計画「巻十八　広動植之三」https://ctext.org/zh
❖ 「蓼花」陸游
　　『漢詩をよむ　秋の詩 100 選』石川忠久著、NHK 出版、1996 年
❖ 「芍薬」謝希孟
　　『支那歴朝閨秀詩集』那珂秀穂編訳、地平社、1947 年
❖ 「山園小梅」林逋
　　『中国名詩選(下)』松枝茂夫編、岩波文庫、1986 年
❖ 「祭猫」梅尭臣
　　同上
❖ 「春日酔起言志」李白
　　『新編　中国名詩選(中)』川合康三編訳、岩波文庫、2015 年
❖ 「春夜宴桃李園序」李白

『新釈漢文大系 16　古文真宝（後集）』星川清孝著、明治書院、
1963 年

❖「従斤竹澗越嶺渓行」謝霊運
『古詩選（下）』入谷仙介著、朝日文庫、1978 年

❖「寄殷協律」白居易
『白楽天詩選（下）』川合康三訳注、岩波文庫、2011 年

❖「新城道中二首之一」蘇軾
『漢詩大系 17　蘇東坡』青木正児ほか編、集英社、1964 年

❖「食荔枝」蘇軾
『中国名詩選（下）』松枝茂夫編、岩波文庫、1986 年

❖「飲酒二十首其五」陶淵明
『中国名詩選（中）』松枝茂夫編、岩波文庫、1984 年

❖「飯罷戯示隣曲」陸游
『新編　中国名詩選（下）』川合康三編訳、岩波文庫、2015 年

❖「蔬圃絶句七首其二」陸游
『漢詩をよむ　陸游 100 選』石川忠久、NHK 出版、2004 年

❖「梅村」呉偉業
『中国名詩選（下）』松枝茂夫編、岩波文庫、1986 年

❖「春前」孟今年（大田蜀山人）
『新日本古典文学大系 84　寝惚先生文集・狂歌才蔵集・四方の
あか』中野三敏ほか校注、岩波書店、1993 年

❖「春暁」孟浩然
『中国名詩選（中）』松枝茂夫編、岩波文庫、1984 年

❖「無題」夏目漱石
『漱石詩注』吉川幸次郎著、岩波文庫、2002 年

❖「相思」王維
『中国名詩選（中）』松枝茂夫編、岩波文庫、1984 年

❖「送沈子福之江東」王維
『唐詩選（下）』前野直彬注解、岩波文庫、1963 年

❖「昼臥」厲鶚
　　『中国名詩選（下）』松枝茂夫編、岩波文庫、1986 年
❖「無題」頼山陽
　　『江馬細香　化政期の女流詩人』門玲子著、藤原書店、2010 年
❖「三月念三遊嵐山有憶」江馬細香
　　『江馬細香詩集『湘夢遺稿』下』門玲子訳注、汲古書院、1992 年
❖「唐崎松下拝別山陽先生」江馬細香
　　同上
❖「秋声」余林塘
　　柏木如亭『訳注聯珠詩格』揖斐高校注、岩波文庫、2008 年
❖「題秋江独釣図」王士禎
　　「互動百科」http://fenlei.baike.com/
❖「岐陽三首其二」元好問
　　『中国名詩選（下）』松枝茂夫編、岩波文庫、1986 年
❖「十三夜」原采蘋
　　『江戸漢詩選 3　女流』福島理子、岩波書店、1995 年
❖「九月九日憶山東兄弟」王維
　　『中国名詩選（中）』松枝茂夫編、岩波文庫、1984 年
❖「鵲」絶海中津
　　『新編日本古典文学全集　日本漢詩集』菅野禮行・徳田武、小
　　学館、2002 年
❖「原爆行」土屋竹雨
　　『新釈漢文大系 46　日本漢詩（下）』猪口篤志著、明治書院、
　　1972 年
❖「白羽扇」白居易
　　『日本古典文学大系 73　和漢朗詠集・梁塵秘抄』川口久雄校
　　注、岩波書店、1965 年
❖「暮春侍宴冷泉院池亭同賦花光水上浮抄」菅原文時
　　『新日本古典文学大系 27　本朝文粋』大曾根章介ほか校注、

210

漢詩出典

岩波書店、1992 年
❖ 「過元家履信宅」白居易
　　『新釈漢文大系 106　白氏文集　十』岡村繁著、明治書院、2014 年
❖ 「梅花」王安石
　　『臨川先生文集』第 36 巻（四部叢刊本）
❖ 「無題」小池純代
　　『梅園』小池純代、思潮社、2002 年
❖ 「二月十一日崇国寺踏月」袁宏道
　　『中国名詩選（下）』松枝茂夫編、岩波文庫、1986 年
❖ 「贈陳商」李賀
　　『李賀詩選』黒川洋一編、岩波文庫、1993 年
❖ 「偶然作」袁枚
　　『袁枚　十八世紀中国の詩人』アーサー・ウェイリー著、加島祥造
　　／古田島洋介訳、東洋文庫、1999 年
❖ 「瘞梓人詩」袁枚
　　同上
❖ 「春中与盧四周諒華陽観同居」白居易
　　『新釈漢文大系 99　白氏文集　三』岡村繁著、明治書院、1988 年
❖ 「尋胡隠君」高啓
　　『中国名詩選（下）』松枝茂夫編、岩波文庫、1986 年
❖ 「春日偶成其十」夏目漱石
　　『漱石詩注』吉川幸次郎著、岩波文庫、2002 年
❖ 「夢長」王安石
　　『臨川先生文集』第 26 巻（四部叢刊本）
❖ 「江雪」柳宗元
　　『中国名詩選（下）』松枝茂夫編、岩波文庫、1986 年
❖ 『紅楼夢』第五十二回より抄出　曹雪芹
　　『紅楼夢　第 6 巻』松枝茂夫訳、岩波文庫、1974 年
❖ 「河南府試十二月楽辞　正月」李賀

『李長吉歌詩集（上）』鈴木虎雄注釈、岩波文庫、1961 年

❖ 「秋夜宿僧院」劉得仁

『中国古典選 31　三体詩 3』村上哲見著、朝日文庫、1978 年

❖ 「寄近侍美妾」一休宗純

『日本の禅語録12　一休』加藤周一著／柳田聖山訳、講談社、
1978年

初 出

＊いずれも大幅な改稿あり

＊以下に記載のないものは書き下ろし

1. カモメの日の読書※「北海道新聞」2017 年 1 月 27 日号

2. うりふたつのたましい※「ウラハイ」2015 年 10 月 11 日（原題「ムーミン的リアル」）

5. 過ぎ去りし日のぶどう酒※「ウラハイ」2015 年 11 月 30 日（原題「cocon de douceur」）

7. 仮住まいの花※「ウラハイ」2015 年 12 月 26 日（原題「終わらない旅」）

10. 夢を生きる者たち※「ウラハイ」2015 年 10 月 3 日（原題「夢をみる人は」）

11. 生まれたてのピクニック※「ウラハイ」2015 年 8 月 1 日（原題「やわらかな楼」）

16. シンシア※「ウラハイ」2015 年 11 月 14 日

18. 空港で、休日の匂いを※「ウラハイ」2015 年 4 月 18 日

22. 言葉にならないさよなら※「週刊俳句」第 395 号　2014 年 11 月 16 日（原題「アートと抱擁の話」）

24. 文字の近傍※「ウラハイ」2015 年 11 月 28 日

26. 研ぎし日のまま胸にしまう※「俳句」2017 年 9 月号、角川文化振興財団

29. 無音の叫び※「ウラハイ」2015 年 12 月 19 日（原題「これが聖夜というものか」）

35. 今は遊びより本がたのしい※「ウラハイ」2015 年 9 月 26 日（原題「書かない人生」）

36. 虹の脊柱※「ふらんす堂通信 153」2017 年 7 月、ふらんす堂

38. 詠み人、あるいは脱時制者のために※「週刊俳句」第 356 号

2014 年 4 月 16 日（原題「水と時間」）

39. 回文と音楽※「BLOG 俳句新空間」2014 年 4 月 11 日（原題「フラスコと音楽」）

40. 冬の朝、そのよごれた窓を※「BLOG 俳句新空間」2013 年 11 月 29 日

付録 1　恋は深くも浅くもある※『俳誌要覧』2018 年 3 月（特集「漢詩が読みたい！」）、東京四季出版

付録 2　ロマンティックな手榴弾※「週刊俳句」第 365 号 2014 年 4 月 20 日（特集「悪い俳句」）

週刊俳句　https://weekly-haiku.blogspot.com/

ウラハイ＝裏「週刊俳句」　http://hw02.blogspot.com/

BLOG 俳句新空間　https://sengohaiku.blogspot.com/

小津夜景

おづ・やけい

❖

1973年、北海道生まれ。俳人。

2013年「出アバラヤ記」で攝津幸彦記念賞準賞。

2017年『フラワーズ・カンフー』(2016年、ふらんす堂)で田中裕明賞。

ブログ「フラワーズ・カンフー」(http://yakeiozu.blogspot.jp/)

カモメの日の読書
漢詩と暮らす

2018年6月20日　第1刷発行
2024年4月24日　第4刷発行

著　者
小津夜景
発行者
西井洋子
発行所
株式会社東京四季出版
〒189-0013 東京都東村山市栄町 2-22-28
電話：042-399-2180　　FAX：042-399-2181
shikibook@tokyoshiki.co.jp
https://tokyoshiki.co.jp/
装　丁
ほりはたまお＋北野太一
装　画
ほりはたまお
印刷・製本
株式会社シナノ

ISBN978-4-8129-0995-9
©Ozu Yakei 2018, Printed in Japan
定価はカバーに表示してあります。
乱丁本・落丁本はおとりかえいたします。